Le Sceau des Maîtres

Gilles Legardinier

Gilles Legardinier est né à Paris, en 1965. Il a grandi dans la vallée de Montmorency où il habite avec sa femme, Pascale, et ses deux enfants. Passionné de cinéma, il a suivi des études dans ce domaine dès l'âge de quinze ans en Angleterre et aux États-Unis, puis a travaillé sur les plateaux de tournage comme pyrotechnicien. Il s'est ensuite dirigé vers la production et a réalisé de nombreux films publicitaires et des bandes-annonces. Aujourd'hui, il se consacre à la communication écrite pour le cinéma. Par ailleurs, il est l'auteur de plusieurs romans, dont *Le Secret de la cité sans soleil*, paru aux éditions J'ai lu en 1996, et désormais étudié dans les écoles.

Vous emmener loin

« J'ai toujours voulu écrire pour aller à la rencontre des autres. C'est dans cet esprit que j'ai proposé à une classe de collège de participer à la naissance de ce livre. Pendant des mois, pour eux, j'ai imaginé. Avec ce roman, ils ont découvert le travail d'un auteur et un plaisir de lecture différent. Ils ont lu le texte à mesure qu'il s'écrivait et ce sont eux qui m'ont donné l'énergie de me dépasser. Aujourd'hui, je rêve de vous emmener loin, à la poursuite des mystères qui enflamment l'imagination et le cœur. Ce sera où vous voudrez, quand vous voudrez. Je suis votre guide, pour mon plus grand bonheur. »

GILLES LEGARDINIER

Le Sceau des Maîtres

Gilles Legardinier

1

Il faisait nuit, un peu froid. Terrés au plus profond de la grotte, les douze hommes étaient immobiles, aux abois. Épuisés, affamés, ces rescapés d'une vaillante armée de croisés se cachaient comme des bêtes traquées en attendant l'heure. Sans cette faille dans les falaises de tuf, ils auraient certainement été massacrés eux aussi par les armées du redoutable Saladin.

Depuis l'embuscade, Geoffroy de Clavel était le plus gradé des survivants et assurait le commandement. À la lueur de la pauvre chandelle allumée dans ce repaire de fortune, il distinguait à peine les ombres de ses compagnons d'armes et celle de ce moine... Quelques-uns, après des jours d'insomnie, avaient fini par tomber de sommeil, vaincus par la fatigue. Geoffroy, lui, gardait les yeux ouverts, incapable d'oublier. Il avait combattu sans faiblir les hérétiques à maintes reprises et n'arrivait pas à chasser de son esprit les visions de cauchemar. Après le siège victorieux d'Alimet, lui et des centaines d'hommes avaient fait route vers l'ouest en direction de Constantinople. Empruntant une voie peu fréquentée située à des centaines de lieues des côtes, ils espéraient éviter de nouveaux combats. Au cœur de ces terres sans ombre, entaillées de profonds canyons et de reliefs arides, ils avaient progressé péniblement durant des jours.

Au soleil brûlant succédaient les nuits glaciales. Les points d'eau étaient rares et juste suffisants. Les éclaireurs n'avaient rien vu venir. Du haut des plateaux ocre, les guerriers de Saladin avaient fondu sur eux sans leur laisser une chance. D'abord les salves de flèches puis, par centaines, les chevaux dévalant les pentes de tuf dans le martèlement des sabots, les cris et la poussière.

À la surprise succéda l'horreur. Les cimeterres fouettaient l'air, tranchant tout ce qui passait à leur portée. Les corps s'effondraient les uns sur les autres. Assaillis de toutes parts, les hommes se défendaient comme ils le pouvaient, tournoyant comme des pantins au milieu des coups de lance. Les cavaliers chrétiens résistèrent un peu, pas assez cependant pour inverser l'issue de l'attaque. Dans le fracas des lames et les hurlements, Geoffroy vit s'écrouler la plupart de ses frères d'armes. Il se serait battu jusqu'à la mort, comme les autres, s'il n'avait pas reçu cet ordre qui allait changer le cours de sa vie.

Alors qu'il venait de mettre à bas un assaillant à cheval, un bras puissant le saisit, une voix hurla son nom. Paniqué, prêt à abattre son épée, Geoffroy se retourna et découvrit Hugues de Montbard, le commandant de l'expédition, l'épaule ensanglantée.

— Ne te bats plus, mon garçon : tu as une mission.

Geoffroy, abasourdi, ne comprit pas le sens des mots de son supérieur. Il jeta rapidement un coup d'œil alentour. Un rempart d'hommes semblait les protéger au plus fort des combats.

Montbard fit un pas de côté, laissant apparaître un petit homme en robe de bure.

— Je te confie une tâche de la plus haute importance, continua le seigneur. Protège ce frère.

Devant le regard incrédule de Geoffroy, Montbard ajouta :

— Nous avons perdu aujourd'hui, mais si ce frère disparaît, nous aurons perdu pour toujours… Obéis-moi, cesse le combat et consacre-toi corps et âme à ce que je t'ordonne.

Geoffroy acquiesça d'un bref signe de tête et dévisagea le petit homme. Il semblait assez jeune et terrifié par les assauts que le cordon de soldats repoussait avec difficulté. Une lance faillit les atteindre. Montbard s'approcha du jeune gradé et lui saisit fermement le poignet.

— Geoffroy, ceci est d'une extrême importance.

Puis il détacha de son cou un cordon auquel pendait une petite bourse de cuir. Il la plaça dans la paume de son soldat et referma sa main autour.

— Ne perds jamais ceci, souffla-t-il. Ne le laisse jamais tomber aux mains des hérétiques, ce serait la fin de la chrétienté…

Geoffroy avait peur, il ne comprenait pas. La confusion régnait partout. Les cris de douleur étaient de plus en plus nombreux, de plus en plus proches. Montbard le regarda une dernière fois et déclara :

— Nous ne nous reverrons pas. Prie pour nos âmes. Le frère t'expliquera…

Sans rien ajouter, Hugues de Montbard empoigna son épée et franchit le cordon de protection en vociférant pour aller prêter main-forte à ses hommes. Geoffroy resta un instant immobile face au frère, cerné par ses défenseurs. Il attacha la bourse à son cou et entraîna le mystérieux moine en criant à ses compagnons de le suivre.

Deux jours après ces événements, tapie dans sa grotte, la petite escouade attendait. Geoffroy avait bien demandé au frère de lui en dire davantage sur le sens de sa mission mais, chaque fois, le religieux s'était dérobé.

À la faible lueur de la chandelle, Enguerrand qui, avec Geoffroy, avait connu bien d'autres batailles, lisait d'une voix à peine audible. Lui et ses compagnons d'infortune se relayaient jour et nuit, sans relâche. Sa voix monocorde et lente psalmodiait les mots sans même en saisir le sens. La salive lui manquait mais il ne devait pas s'arrêter. La lecture était désormais leur seule façon de mesurer le temps. Quand il en arriverait au psaume de saint Jean, il serait l'heure. Terrés dans leur trou, ces soldats n'avaient que ce moyen pour savoir quand le soleil serait à son zénith.

Le moment approchait et il était vital de ne pas le manquer. Même s'il ne savait pas grand-chose, Geoffroy était conscient que son sort et celui de ses hommes étaient liés à celui du moine. De ce rendez-vous avec le soleil dépendait leur hypothétique survie, mais aussi celle de tous les chrétiens, militaires et pèlerins, qui s'aventureraient plus tard dans ces contrées…

En entendant murmurer les premiers mots du psaume attendu, le moine annonça :

— Il est temps.

Geoffroy se leva d'un bond et déclara à ses hommes :

— Ne sortez que si je vous appelle. Ne faites aucun bruit. Je veux deux volontaires pour nous accompagner.

— Non, intervint le frère. Nous devons y aller seuls. Aucun témoin.

— J'ai confiance en chacun de ces…

— Il n'est pas question de cela, coupa le frère. Vous et moi, c'est tout.

Geoffroy, résigné, obtempéra. La grotte était profonde et le sol irrégulier. Précédant le frère, Geoffroy avançait prudemment, dans un silence absolu. À mi-chemin, ils commencèrent à distinguer la clarté du jour au loin dans le boyau. Geoffroy n'était pas homme à s'angoisser mais il aurait donné cher pour savoir ce qui allait se passer. Quel sortilège ce moine allait-il provoquer ?

Geoffroy se concentra à nouveau sur ses pas. Il n'était pas mécontent de marcher. L'inaction et l'immobilité lui pesaient. Plus ils approchaient de l'entrée, plus la lumière devenait aveuglante. Il faudrait du temps à leurs yeux pour se réhabituer à la luminosité après deux jours passés dans ce trou. L'air se réchauffait aussi ; dans quelques instants, ils se trouveraient à l'air libre, accablés par la chaleur et ce léger vent qui dessèche tout.

Alors qu'ils allaient déboucher sur l'extérieur, le moine demanda à voix basse :

— Vous avez ce que votre commandant vous a confié ?

Pour toute réponse, Geoffroy tapota sa poitrine. À pas comptés, se protégeant les yeux des mains, il sortit de la grotte. Tout était calme. L'entrée de la cavité était située sur un promontoire qui dominait une longue vallée jalonnée de monticules rocheux. La vue était saisissante. En bon soldat, Geoffroy savait qu'une éventuelle attaque ne pourrait venir que d'en face. Adossés à la falaise, ils ne craignaient rien.

— Et maintenant, où allons-nous ? lança-t-il au moine.

— J'ai besoin d'être au soleil.

Geoffroy jaugea le chemin à parcourir pour échapper à l'ombre de la falaise et dit :

— Il y a pas loin d'un quart de lieue, et à découvert. Si nous devons nous replier vers la grotte, vous pourrez courir ?

Le moine eut un petit sourire en répondant :

— Je crois que oui.

Les deux hommes avancèrent, quittant l'ombre protectrice pour aller jusqu'au pied d'un rocher bien exposé. Le frère s'agenouilla dos au roc, se tourna vers le soleil et pria rapidement. Il était nerveux.

— Donnez-moi le Sceau, je vous prie.

— Le Sceau ?

— Celui que votre commandant vous a remis.

Sans poser de question, Geoffroy défit le lien et tendit le petit sac de cuir. Avec des gestes précis, le frère en extirpa une lourde bague ornée d'un diamant d'assez belle grosseur étrangement taillé. Le joyau scintillait de mille feux. Geoffroy n'arrivait pas à en détacher le regard, il était comme hypnotisé. Quelle étrange magie pouvait bien exercer l'anneau ?

Le moine glissa le bijou à son majeur et le fit tourner sous tous les angles pour mieux le contempler.

— Voici la clef de l'Orient, murmura-t-il d'une voix fascinée.

Puis il ajouta :

— C'est aussi la cause et la solution de tous nos malheurs…

Le frère ouvrit l'encolure de sa robe et dégagea son torse, laissant apparaître sous sa bure un gilet de cuir brun qu'il portait à même la peau.

— Que faites-vous ? demanda Geoffroy, qui considérait d'un œil surpris l'étonnant rituel.

— Ne vous inquiétez pas. Il n'y a dans tout cela rien de magique. Aucune sorcellerie dans ce que vous allez découvrir, juste du génie…

Le moine retira son gilet de cuir et le posa à plat devant lui, sur le sol sablonneux.

Le vêtement était orné sur l'envers de lignes sombres, de formes étranges et de quelques points. En observant attentivement, Geoffroy comprit qu'il s'agissait d'une carte, d'un tracé géographique assez précis mais sans aucune mention. Aux yeux d'un profane, le dessin qui recouvrait tout le dos du vêtement pouvait passer pour un ornement sans intérêt, mais pour un militaire, il s'agissait du tracé complet des terres de l'Occident jusqu'à Jérusalem…

Le frère posa une petite pierre sur chaque angle du gilet pour le maintenir. D'un mouvement doux, il bascula la bague pour positionner la pierre sous son doigt et pressa les flancs de l'anneau, faisant ainsi apparaître deux minuscules miroirs de chaque côté.

Geoffroy s'approcha. D'un geste cérémonieux, le frère étendit le bras et plaça sa main grande ouverte, doigts écartés, au-dessus du gilet étalé, pierre vers le bas. Les rayons du soleil, guidés par les miroirs miniatures, bombardaient le joyau qui projetait ses éclats partout sur la carte. Ainsi éclairé, le diamant semblait rayonner deux fois plus. De petits fragments d'arc-en-ciel illuminaient le tracé d'une infinité de points.

— Nous y voilà, annonça le moine.

— Une carte ! Une carte dont la légende est projetée par un cristal illuminé ! exulta Geoffroy.

— C'est bien plus que cela, mon ami…

Le frère ajusta sa main et reprit :

— Vous avez sous les yeux toutes les ressources secrètes de l'Orient : les éclats bleus indiquent les points d'eau, les rouges, les caches d'armes, en orange, les réserves d'or. Mais ce n'est pas l'essentiel. En mauve figurent les citadelles secrètes et les monastères…

Geoffroy était subjugué.

— Vous connaissez maintenant le secret du Sceau des Maîtres. Vous en comprenez l'importance. Nous allons nous en servir pour nous tirer d'affaire, nous devrons ensuite le rapporter en Europe où il servira à préparer la prochaine croisade.

— Et ce point-là, qu'indique-t-il ? demanda le soldat en désignant une minuscule tache d'un beau vert émeraude. C'est le seul de cette couleur.

— Ton seigneur avait vu juste, tu es aussi vif de corps que d'esprit. Il s'agit d'un sanctuaire, mais celui-là n'est pas comme les autres, il est…

Geoffroy colla tout à coup sa main sur la bouche du frère pour lui intimer le silence. Il tendit l'oreille. Au loin, un martèlement sourd allait en s'amplifiant régulièrement. Des chevaux approchaient, peut-être trois ou quatre. S'ils passaient à proximité des deux hommes, le rocher ne suffirait pas à les dissimuler.

D'une main tremblante, le frère retira rapidement l'anneau et le replaça dans la bourse. Il remit le gilet et ajusta sa bure.

— Ce sont peut-être les nôtres ? suggéra-t-il.

— Impossible, ils ont un galop sec, sans la moindre fatigue. Ils ne viennent pas de loin. Et ce que je viens de voir sur votre carte renforce ce que je crois : il n'y a aucun de nos camps à proximité.

Le galop des chevaux se mua en un pas irrégulier. Quelques mots d'arabe confirmèrent la menace. Ils s'éloignaient puis revenaient, sillonnant les abords en s'approchant chaque fois un peu plus. Ils étaient cinq. Les cavaliers semblaient à la recherche de quelque chose...

Un instant, Geoffroy songea à appeler ses compagnons à l'aide mais la grotte était trop loin et le temps qu'ils accourent – si par miracle ils entendaient –, il serait trop tard... Les deux hommes étaient seuls.

Le frère se tenait accroupi, plaqué contre le bloc de roc, les mains jointes, le front baissé.

— Ce n'est pas le moment de prier, mon frère. Il va falloir courir.

— Et s'ils nous repèrent ?

Geoffroy ne répondit pas. Il attacha la bourse solidement à son cou et la glissa sous sa cotte de mailles. Comme pour se rassurer, il caressa le pommeau de son épée et se redressa avec d'infinies précautions. Il empoigna doucement la robe de bure et releva le moine.

— Dès que je vous lâche, vous courez jusqu'à la grotte. Peu importe ce que vous entendez, peu importe ce qui se passe autour, vous courez...

Le frère opina d'un mouvement de tête affolé. Dans ses yeux, Geoffroy lisait de la terreur.

Il ouvrit la main, et aussitôt le frère s'élança en direction du promontoire. Debout, le croisé fit face aux cinq cavaliers qui étaient à moins d'une demi-lieue en terrain découvert, sans obstacle susceptible de les ralentir.

Il se détourna et se mit à courir à la suite du moine.

Les cinq hommes ne furent pas longs à repérer les deux fuyards. Ils lancèrent leurs montures à leurs trousses, hurlant, brandissant leur cimeterre au vent.

— Cours, cours ! hurla Geoffroy au frère qui se retournait.

Ils couraient pour leur vie. Le galop des chevaux s'approchait, le promontoire n'était plus loin. Les cavaliers criaient de plus belle. Geoffroy était maintenant à la hauteur du frère, qui suait à grosses gouttes.

— Pour l'amour de Dieu, ne faiblis pas ! grogna le soldat.

Lorsque les deux hommes sautèrent sur le promontoire, les chevaux n'étaient plus qu'à quelques coudées. Quand ils s'engouffrèrent dans la faille, Geoffroy avait déjà senti deux fois une lame lui frôler la tête. Mais la partie n'était pas jouée, le boyau caverneux était assez haut pour qu'un cavalier puisse s'y engager. Alors qu'il pensait voir le reste du combat se dérouler à pied, Geoffroy eut la terrifiante surprise de constater que quatre des cavaliers les poursuivaient toujours au galop dans la grotte. Lui et le frère continuèrent à courir, trop concentrés pour remarquer leurs compagnons dissimulés dans les replis des parois…

Le petit groupe de croisés n'eut aucun mal à éliminer les poursuivants. Un à un, les cavaliers, emportés par leur élan, s'enfoncèrent dans l'embuscade et s'affalèrent sans vie. Le frère ne s'arrêta que lorsqu'il fut au fond de la grotte. Il se laissa tomber à genoux et remercia le ciel de lui avoir donné la force. Geoffroy se tenait appuyé contre la paroi, hors d'haleine.

— Bon coureur, pour un moine, grommela-t-il.

Un des hommes déboucha en courant avec de grands gestes.

— Geoffroy, d'autres arrivent !

Oubliant toute fatigue, le soldat rallia l'entrée aussi vite qu'il le pouvait. Le nuage de poussière qui se dessinait au loin ne présageait rien de bon. On entendait les cris d'attaque. Dans quelques minutes, ils seraient là, déferlant comme ils l'avaient déjà fait. Ils étaient d'une supériorité écrasante en nombre et en armement. Geoffroy inspecta l'entrée de la grotte d'un coup d'œil circulaire.

— Éboulez l'entrée, hurla-t-il soudain, éboulez tout !

Les hommes escaladèrent les parois et firent basculer tous les blocs disjoints. Un peu plus haut, en surplomb, une large dalle retenait en équilibre une masse de rocs qui, à eux seuls, pouvaient tout obstruer.

— Il faut les débloquer, cria Geoffroy en les désignant.

Les cavaliers musulmans n'étaient plus loin. Les croisés distinguaient leurs visages figés de haine. Enguerrand s'approcha de Geoffroy et déclara :

— Celui qui va déclencher l'éboulement n'y survivra pas. J'y vais…

Geoffroy lui posa la main sur l'épaule et dit :

— Sauve-nous, tu es notre chance.

Enguerrand mit un genou en terre et posa la main droite sur son cœur, inclinant la tête. Après ce salut solennel, il escalada la paroi, aidé par ses compagnons. Tous reculèrent alors qu'il s'échinait sur une arête de la dalle. En quelques coups de reins, il parvint à la faire bouger. L'immense amas de roches frémit dans un grondement sourd, libérant d'abord une pluie de petits cailloux. Dehors, les cris se faisaient plus proches. Enguerrand posa un dernier regard sur ses compagnons et, dans un râle déterminé, se jeta de toutes ses forces pour faire pivoter la dalle.

Dans un vacarme assourdissant encore amplifié par l'écho des lieux, les tonnes de roches s'abattirent sur l'entrée. Les premiers assaillants qui arrivaient à bride abattue furent broyés par les rocs. En quelques instants, plus la moindre lumière ne filtra. La grotte était murée pour toujours.

Debout, titubant dans l'obscurité absolue, le frère chercha Geoffroy en balayant l'air saturé de poussière de ses bras tendus. Lorsqu'il l'eut trouvé, il s'agrippa à lui et demanda en tremblant :

— Qu'allons-nous faire ? Par où sortir ?

D'une voix blanche, le soldat répondit :

— S'il n'y avait que cette issue, alors nous sommes perdus.

— Et le Sceau des Maîtres ?

La question se perdit dans le silence étouffé de la caverne murée. Dans le noir, personne ne vit les larmes rouler sur les joues de Geoffroy, des larmes de tristesse et de rage. Lui qui n'avait jamais failli ne pouvait pas connaître son premier échec avec cette mission-là. Pour la première fois de sa vie, du fond de son cœur, il implora Dieu de lui venir en aide…

2

Les pluies avaient détrempé la cour du château. L'aire d'entraînement des aspirants chevaliers n'était qu'un immense champ de boue. Au milieu des poules et des cochons, une dizaine de jeunes hommes se battaient à l'épée ou s'acharnaient sur des mannequins bourrés de paille aux formes grossières. Autour d'eux, indifférents à leurs hurlements, les écuyers s'affairaient. Les marchands s'arrêtaient parfois pour regarder.

De l'une des fenêtres du donjon, le comte Maxime de Montbard, onzième du nom et frère de celui qui avait glorieusement péri aux croisades, contemplait le spectacle de ces jeunes gens pleins de fougue avec une idée précise en tête. À ses côtés, un homme âgé et maigre observait lui aussi.

— Il est certain qu'il a de la force, déclara ce dernier en fixant un jeune homme châtain qui combattait farouchement.

— De la force et de l'esprit. Premier en lutte, premier au maniement de l'épée, cavalier émérite, fin stratège – ce ne sont pas les qualités qui lui font défaut !

— Personne ne songe à dénigrer votre fils, Monseigneur, mais cette mission-là demande plus que d'être bon chevalier. Nul ne sait combien de temps elle durera, ni ce qu'elle exigera de ceux qui l'accompliront.

Le comte resta songeur. Soudain, une voix monta du fond de la salle :

— C'est pourquoi il partira avec Guillaume de Fontenoy.

La diction était posée, d'une sérénité impérieuse – il le fallait pour oser s'immiscer dans une conversation entre le maître des lieux et son vieux conseiller pour les affaires d'Orient.

Le comte se retourna calmement et fit face à l'homme assis dans un large fauteuil de bois, tout près de la cheminée où le feu crépitait.

Le conseiller continuait de fixer la cour à travers les petits carreaux sertis de plomb, feignant de ne pas saisir l'importance de la remarque.

— Nous en avons déjà discuté, Jean, fit le comte. Mon fils partira avec une armée de cent hommes spécialement entraînés et armés. Un bateau génois les déposera au plus près de l'endroit et ils rapporteront le Sceau.

— Mon cher, tous les observateurs sont formels. La méthode forte ne servirait qu'à nous faire remarquer davantage. Que se passerait-il si les musulmans s'intéressaient à l'anneau ? Imaginez que, comprenant son importance, ils le détruisent ou, pire, le déchiffrent… Plus d'un siècle de recherche et de conquête serait réduit à néant, sans parler du sanctuaire… Votre idée d'un coup de force est mauvaise. Permettez-moi d'ajouter que les missions dans le sultanat vous ont déjà coûté votre frère – paix à son âme. Faisons en sorte qu'elles ne vous coûtent pas votre fils...

Le comte s'approcha de son interlocuteur et se laissa tomber dans un fauteuil, face à lui. Maxime de Montbard avait les traits soucieux et semblait las.

— Si je dois sacrifier Richard à cette cause, je le ferai.

— Je ne vous parle pas de sacrifice, je vous parle de gâchis. Toute tentative en force est vouée à l'échec.

— Votre idée de n'envoyer que deux gamins n'est pas meilleure.

— Voilà donc votre fils redevenu un gamin ? Vous savez comme moi qu'avec leurs dix-sept ans, personne ne fera attention à eux, ils ne sont pas une armée. Ils sont jeunes, et complémentaires de surcroît.

L'association pouvait être séduisante mais allait contre tous les principes stratégiques du comte. Son interlocuteur, Jean de Montague, n'était pas un chevalier aussi puissant que lui, mais il avait fait la croisade et connaissait les terres et ses guerriers.

Le conseiller toussa puis demanda respectueusement à se retirer. Il referma le lourd vantail de bois derrière lui, laissant la salle dans un profond silence. Depuis que le comte avait appris l'embuscade et la perte de l'armée de son frère, le château et tout le fief étaient en ébullition. C'est à sa famille que le patriarche de Jérusalem avait confié le Sceau et, en ces temps troublés, l'honneur était aussi grand que la charge. Pour le comte de

Montbard, il s'agissait de réussir à tout prix à rapporter le Sceau en terre de France. S'il échouait, il encourrait le déshonneur face à ses pairs et à l'Église. À lui et aux siens incombait la lourde tâche de sauver le Sceau, quel qu'en soit le prix.

Jean de Montague connaissait bien l'Orient. Ses longs séjours lui avaient révélé d'autres sciences que celle de la guerre. De nombreux emplacements sacrés n'étaient répertoriés que par le Sceau. Sa perte renvoyait la chrétienté à l'âge de la pierre...

Le comte eut un geste d'agacement et dit :

— Et quand bien même, qui nous prouve que votre protégé est l'homme de la situation ?

— Vous pourrez juger par vous-même.

— Quand puis-je rencontrer votre moinillon ?

— Il est à l'étage au-dessous, il attend.

— Alors faites-le monter.

Jean de Montague se leva et se dirigea vers la porte. Avant de franchir le pas, il se retourna et dit d'une voix ferme :

— Maxime, ce n'est pas un moinillon, c'est un novice et il va peut-être sauver la croisade.

Le jeune homme, de taille moyenne, mince, paraissait frêle. Il avait le visage baissé et n'arborait pas encore la tonsure de ceux de son ordre. Debout, immobile au point que même sa robe de bure semblait de bois, il songeait au volume latin qu'il étudiait depuis maintenant des semaines. Lorsqu'il vit Montague, il ne manifesta aucune impatience, même s'il attendait ainsi depuis plus d'une journée.

— Le bougre a du mal à croire qu'à deux vous puissiez en faire autant qu'une armée. Tâche de faire bonne figure.

Pour toute réponse, le garçon sourit à son puissant maître.

Ensemble, ils gagnèrent les salles hautes. En pénétrant dans les appartements du seigneur, Guillaume fut impressionné. Lui qui était habitué aux meubles austères, aux lignes sobres, restait stupéfait devant la profusion de coffres, de tapisseries et d'armes.

En pénétrant dans la salle, il repéra immédiatement la haute silhouette près de la fenêtre et, par réflexe, se recroquevilla sur lui-même.

— Approche et présente-toi, tonna le comte.

— Ne te laisse pas impressionner, lui souffla Montague.

Le jeune frère fit quelques pas vers Maxime de Montbard. En signe de respect, il posa un genou en terre et dit d'une voix timide :

— Je me nomme Guillaume de Fontenoy, novice dans l'ordre de Cîteaux.

— Que sais-tu faire, sais-tu au moins manier une épée ?

— Non, Monseigneur. Je suis copiste, traducteur et interprète.

Le comte leva les bras au ciel en signe de dépit.

— Comment voulez-vous que ce gamin puisse nous rapporter ce trésor ? Comment voulez-vous qu'il survive au milieu de ces sauvages alors qu'il n'ose même pas affronter mon regard ?

Guillaume releva aussitôt le visage et riva calmement ses yeux à ceux du comte.

— Il parle leur langue, argumenta Montague. Il sait aussi déchiffrer leurs écrits, et sa connaissance de leur culture est immense. Il saura s'adapter, trouver les moyens.

Le comte se passa nerveusement la main sur la joue.

— Qu'en dites-vous, jeune frère ? lança-t-il.

— Je me prépare depuis des semaines et je me sens prêt. J'ai foi en ma mission. Je crois que nous pourrons agir vite, en secret, sans attirer l'attention sur le Sceau.

— Qui vous a parlé de cela ? s'exclama le comte de Montbard.

— Ses supérieurs et moi-même, intervint Jean de Montague. Il est lié par le serment du secret. Sans savoir ce qu'il devra chercher, comment voulez-vous qu'il le trouve ?

— Et s'il trahit ?

— Pensez-vous que Richard puisse nous trahir ?

— Votre question est insultante. Richard est mon fils.

— Considérez Guillaume comme le mien. Je me porte garant de lui.

Dans un fracas de tonnerre, la porte de la salle s'ouvrit brusquement. Richard de Montbard entra à grands pas, suivi par une malheureuse femme à l'air catastrophé qui lui tendait désespérément un linge propre. Il était couvert de boue de la tête aux pieds.

— Père, j'ai vaincu ! lança-t-il fièrement en se laissant tomber sur une haute chaise.

— Voilà une bonne chose, mon fils, apprécia le comte en bombant le torse.

— Richard ! s'exclama Jean, je suis heureux de vous revoir en telle forme. Mais qu'avez-vous vaincu au juste aujourd'hui : des mannequins de paille ou des adversaires qui craignent autant votre nom que votre épée ?

Richard, surpris par celui qu'il n'avait même pas remarqué en entrant, le fusilla du regard.

— Je ne demande qu'à montrer ma valeur. Laissez-moi embarquer demain avec mon armée et je prouverai ma bravoure.

— Mon fils, « valeur », « bravoure », autant de mots que j'apprécie moi-même, mais dans cette quête, il va aussi falloir du…

Le comte chercha ses mots, agacé.

— Ce que ton père veut dire, mon garçon, c'est que ton armée est là, devant toi, fit Jean de Montague en désignant Guillaume.

Incrédule, Richard éclata de rire.

— Père, quelle est cette plaisanterie ? Nous n'allons pas encombrer mes soldats de la charge de ce jeune religieux !

— Tu n'as pas bien compris. Vous ne partez que tous les deux, laissa tomber le comte.

Richard blêmit. Il alla se placer face à Guillaume et le dévisagea avec mépris, de si près que le novice put sentir son souffle sur son visage. Puis sans rien ajouter, le jeune chevalier sortit.

Le comte s'approcha de Guillaume et, gêné, lui glissa :

— Ne vous formalisez pas. Il n'est pas aussi rustre qu'il le paraît. Il revient de l'entraînement, vous savez, il a encore les sangs tout échauffés et puis, il est jeune…

— Nous avons le même âge, fit remarquer Guillaume un peu sèchement. Permettez-moi maintenant de prendre congé, Monseigneur. Je dois continuer à me préparer.

3

Les trois semaines qui suivirent ne furent pas assez longues pour tous les préparatifs. Les deux jeunes gens ne se revirent pas avant leur départ. Chaque matin, le comte entraînait lui-même son fils, qui mettait une hargne farouche aux exercices de combat. Pour sa part, Jean de Montague rendait visite tous les jours au jeune Guillaume, qui suivait avec assiduité les enseignements de ses maîtres. Jean lui racontait ses expériences, la vie en Orient, les coutumes et les croyances de ceux dont Guillaume devrait sauver le Sceau. Fasciné, le novice en apprenait chaque jour un peu plus la culture des ennemis de sa foi. Ils ne paraissaient pas aussi sauvages qu'il l'avait d'abord cru. Il se surprit même à admirer certaines de leurs particularités mais se garda bien de l'avouer à qui que ce soit, de peur d'être déclaré hérétique. Guillaume avait tant lu et tant entendu qu'il lui semblait avoir déjà fait dix fois le chemin jusqu'au Saint-Sépulcre.

Le comte de Montbard, qui avait rêvé d'un départ d'expédition plein de panache et susceptible d'impressionner tous les fiefs de Bourgogne, en fut pour ses frais.

En ce petit matin d'hiver, dans un froid glacial, alors que le soleil n'était pas encore levé, ils n'étaient que quatre pour voir partir l'expédition la plus importante de l'histoire des croisades. Le comte, Jean de Montague, leurs protégés et deux écuyers se tenaient au pied du rempart sud, près de la discrète porte des douves.

Les deux jeunes gens étaient vêtus comme des ouvriers et plus rien ne différenciait le religieux du chevalier. Aucune arme distinctive, deux chevaux des plus communs pour ne pas attirer l'attention, et pas une armoirie pour orner leurs effets. Richard portait l'épée et Guillaume, pour la première fois et malgré ses réticences, un poignard. Les deux voyageurs emportaient dans leurs sacoches des lettres de change pour payer l'embarquement à bord des navires de pèlerins et aussi quelques vivres.

Les adieux furent brefs. La route était longue et la durée du voyage incertaine. Au mieux, les deux jeunes gens seraient de retour dans six mois ; au pire, jamais.

Richard se tenait bien droit sur sa pauvre monture et Guillaume se résignait déjà à ce périple équestre. Ainsi juché, il avait le vertige…

Le comte se plaça entre les deux cavaliers et s'adressa à eux une dernière fois :

— Souvenez-vous de ce que nous avons convenu. Pas un mot de votre mission à quiconque, même aux nôtres. Ne déclinez votre identité qu'en cas de danger de mort. Ne vous séparez jamais. Chacun est responsable de l'autre. Si l'un de vous rentrait seul, il devrait répondre de la disparition de l'autre. Suis-je clair ?

Les deux jeunes hommes hochèrent la tête en guise d'assentiment.

— Et maintenant, allez… et que Dieu vous garde.

Après un dernier signe de la main, les deux cavaliers prirent le chemin du sud, vers l'Italie.

Montbard et Montague restèrent à contempler l'horizon en silence bien après que les deux silhouettes se furent évanouies dans les brumes de l'aube grise.

En milieu de matinée, il y eut de la neige. Richard et Guillaume n'avaient pas échangé un seul mot. Les chevaux peinaient déjà dans les chemins de terre gelés. Richard ouvrait la route, forçant l'allure autant que possible avec une monture de piètre qualité.

Ils évitèrent les villes et les villages, Richard aurait pu être reconnu et il fallait se méfier de tout le monde. Les espions étaient partout, œuvrant pour tant de causes différentes que les ennemis en devenaient innombrables.

Après une courte pause le midi, ils reprirent la route, toujours sans une parole. Plusieurs fois, Guillaume avait songé à engager la conversation – ils n'avaient pas grand-chose d'autre à faire – mais la mauvaise humeur affichée par Richard devant la lenteur de l'avance l'en avait dissuadé.

C'est donc dans le plus grand silence que les deux jeunes gens arrivèrent devant une auberge à la nuit tombante. Ils passèrent aux écuries et attachèrent leurs chevaux. Richard frappa vigoureusement à la porte au-dessus de laquelle pendait une enseigne grinçante, rouillée et illisible.

La porte s'ouvrit sur le visage rougeaud d'une brave femme.

— Entrez, messires, leur dit-elle en s'effaçant.

La salle était vaste mais les tables désertes. Il régnait une douce chaleur venue d'une large cheminée où flambait un demi-tronc.

— Il ne fait pas bon traîner par ces froids, continua la femme. La route a été longue ?

— Nous venons d'Auxerre et nous allons sur un nouveau chantier de cathédrale à Marseille, fit Guillaume.

— Vous comptez passer la nuit ici ou seulement souper ?

— Nous restons, préparez-nous des chambres, déclara Richard.

Devant l'air étonné de la patronne, Guillaume corrigea :

— Mon ami plaisante, nous dormirons dans les écuries, si vous le permettez.

La femme sourit et les accompagna à une table proche du feu. Ils soupèrent d'un bouillon et d'un plat de haricots dans lequel, en cherchant bien, on trouvait parfois des restes de viande. Richard ne prononça pas un seul mot de la soirée. Guillaume s'efforça d'être le plus affable possible avec la femme puis avec son mari qui vint les voir ensuite. Il leur raconta le rude métier de tailleur de pierre. Il expliqua qu'ils n'étaient qu'apprentis mais avaient bon espoir, après ce chantier-là, de passer ouvriers.

Guillaume régla le repas et la nuit avant d'aller dormir. L'aubergiste leur montra un coin dans la paille, à l'abri du vent, puis rentra se calfeutrer chez lui.

Richard s'allongea sans attendre le long du mur et se recouvrit de paille. Guillaume resta un moment sous le porche de la grange à observer le ciel dégagé. Il pria pour ceux qu'il avait laissés derrière lui et qui lui manquaient tant. Personne ne savait où il était. Pour sa famille, il était simplement devenu moine. Depuis son arrivée dans l'Ordre, il n'avait pas été autorisé à rendre visite aux siens.

Les chevaux soufflaient, des nuages de vapeur s'échappaient de leurs naseaux dans le clair de lune. Guillaume frissonna et alla s'asseoir à quelques pas de son équipier. Bien qu'épuisé, il savait qu'il ne trouverait pas le repos avant d'avoir eu une petite discussion avec Richard.

— Si nous devons faire tout le voyage comme cela, nous n'arriverons à rien, commença-t-il sans préambule.

Richard ne broncha pas.

— Je sais que tu te voyais partir à la tête d'une armée, défaire l'ennemi et revenir triomphant, mais ce n'est pas moi qui ai décidé que les choses se passeraient autrement.

Le jeune chevalier émergea de sous la paille et jeta un regard noir à Guillaume, qui reprit :

— Nous serons effectivement plus efficaces seuls, mais pas si nous sommes dressés l'un contre l'autre.

— Regarde-nous, siffla Richard. On dirait des mendiants ! Comment veux-tu que des mendiants accomplissent l'exploit que l'on attend de nous ?

— On ressemble plutôt à des ouvriers, rectifia Guillaume. Et puis l'apparence n'est rien, tu restes un excellent combattant et…

— … toi un scribouillard de moine.

Guillaume ne releva pas la provocation.

— La journée de demain sera longue, enchaîna Richard. Dors.

Il se replongea sous la paille. Guillaume serra les poings et lâcha :

— Cette mission, tu l'as acceptée pour la cause ou pour le renom qu'elle peut t'apporter ? Je crois que tu ne rêves que de ta propre gloire, de ta propre image. Je crois que tu es un égoïste et que tu n'as pas d'autre cause que la tienne.

Richard s'extirpa d'un bond et vint se planter, menaçant, face à Guillaume, qu'il dominait de sa haute taille. Le jeune frère n'avait jamais autant remarqué à quel point son compagnon était imposant physiquement. Richard le toisait, hésitant entre le mépris et la violence.

— Que vas-tu faire ? demanda Guillaume. Me battre parce que je t'ai dit la vérité ? Tu vas me tuer parce que tu en es capable. Je n'ai pas peur de toi, Richard de Montbard.

Guillaume savait que Richard bouillait de rage, qu'il était au bord de l'explosion.

— N'oublie pas une chose, Richard : tu es responsable de moi, comme moi de toi. Depuis notre départ, nos destins sont liés. Peu importe ce que tu penses, peu importe ta rancœur ; nous deux, c'est à la vie à la mort jusqu'à ce que le Sceau des Maîtres soit revenu au royaume de France…

Le lendemain, leur départ se fit sous la neige. Le froid était plus mordant que la veille. Guillaume se hissa sur son cheval et grimaça de douleur sous l'effet des courbatures.

— Dans quelques jours, tu ne les sentiras plus, lui dit Richard.

— Merci, ça ne soulage pas mais ça rassure…

Guillaume sourit en talonnant sa monture. Pour la première fois, Richard avait daigné lui adresser la parole.

Les deux cavaliers contournèrent Lyon par l'est et abordèrent les premiers contreforts des Alpes dès le lendemain. Les journées étaient harassantes. Avec les reliefs, le vent s'était levé, cinglant, glacial. Lorsqu'en plus il neigeait, chacun des flocons reçus sur le visage leur faisait l'effet d'un caillou projeté. Emmitouflés dans leurs étoles, on ne distinguait d'eux que leurs yeux.

Au matin du quatrième jour de voyage, leur chemin n'était plus bordé que de sapins. Les conifères, serrés, accentuaient encore la pénombre. La forêt semblait profonde, inconnue, même la neige qui pourtant abondait ne parvenait pas à se glisser jusqu'aux branches basses.

Richard, sans être vraiment aimable, prenait parfois la peine de parler avec Guillaume. Au cours de leur dernier et maigre repas, ils s'étaient même raconté leurs semaines de préparation.

Guillaume gardait le regard rivé sur l'encolure de sa monture, perdu dans ses pensées. Ses doigts gelés étaient recroquevillés dans ses manches, laissant la bride posée sur le pommeau de sa selle.

Richard fixait le chemin droit devant lui. Soudain, il lui sembla voir un reflet furtif au loin.

— Nous ne sommes pas seuls, dit-il laconiquement.

Guillaume releva les yeux et demanda :

— Des voyageurs ?

— Ils ne se cacheraient pas.

— Alors qui ?

Sans ralentir, Richard détacha sa sacoche et la lança le plus loin possible dans le sous-bois.

— Pourquoi jettes-tu nos lettres de change ?

— Pour ne pas nous les faire voler…

Guillaume n'hésita qu'un instant et fit choir à son tour sa besace dans un épais buisson. Quelques minutes plus tard, les deux jeunes gens arrivèrent à un carrefour. Richard savait que, derrière ces fourrés et ces amas de branches suspects, se cachaient certainement des hommes. Alors que Guillaume et lui s'apprêtaient à passer, ceux-ci bondirent et les encerclèrent. Les deux voyageurs furent jetés à bas de leurs montures et roués de coups. Richard essaya de résister mais le nombre des assaillants eut raison de lui. Guillaume vit son compagnon s'affaler sous le coup qu'un bandit lui avait assené à la nuque. Terrifié, il crut sa dernière heure venue.

L'un des hommes au visage masqué s'approcha et lui colla une longue lame contre la gorge.

— Et maintenant, mon garçon, tu vas nous donner ton pécule ou tu finiras comme ton ami...

4

La neige l'avait presque entièrement recouvert. Le visage plaqué contre la terre gelée, Guillaume essaya d'abord de bouger un bras. Engourdi par le froid et les contusions, il réussit à peine à se retourner sur le dos en gémissant. Il faisait nuit noire. Les nuages ne laissaient passer que de rares rayons de lune. La neige tombait, entraînée dans des tourbillons par les bourrasques de vent.

Le jeune homme tremblait, pétrifié de froid.

— Richard ! appela-t-il d'une voix faible.

Aucune réponse ne lui parvint. Il réussit à s'asseoir. Ses mains étaient gercées et douloureuses. Ses yeux pleins de neige et de terre ne lui permettaient pas de voir correctement. Il se trouvait sur le bas-côté de la croisée des chemins. Il lui manquait des vêtements et, plus grave, il n'y avait aucune trace des chevaux.

Grâce à Dieu, les bandits ne l'avaient pas tué. Ils avaient certainement eu pitié de ce gueux en quête de travail sans même une pièce sur lui. Ils avaient laissé Richard pour mort et s'étaient enfuis. Pour se payer, les malandrins avaient pris les chevaux.

Péniblement, Guillaume scruta le carrefour. Lorsqu'il repéra la forme allongée recouverte d'une bonne couche de neige, il se redressa, poussé par l'espoir autant que par la peur.

Richard de Montbard gisait, inanimé. Guillaume lui dégagea le visage. Du sang avait coulé de son nez. Le jeune moine plaqua son oreille sur la poitrine de son compagnon. Le cœur battait encore, faiblement mais régulièrement. Guillaume secoua Richard pour lui faire reprendre connaissance, en vain. Plus haut dans la forêt, un loup hurla, bientôt suivi par d'autres. Les bêtes n'étaient pas loin. Peut-être les avaient-elles déjà repérés… Guillaume décida de traîner Richard jusqu'à l'orée du bois, à l'abri du vent et de la neige. Ce grand corps, d'habitude si vif et si puissant, était à présent lourd et inerte. Guillaume peina tellement pour lui faire parcourir les quelques coudées qu'il lui fallut ensuite de longs instants pour reprendre son souffle.

« Comment se sortir de là ? », se demanda Guillaume. Il n'avait même pas de quoi faire du feu. Il pouvait marcher jusqu'au village le plus proche et demander de l'aide, mais il lui faudrait abandonner Richard trop longtemps, le laissant à la merci des loups affamés par le froid qui rôdaient…

Il cala le corps du jeune chevalier dans une sorte de fossé et entreprit de le recouvrir des maigres vêtements qui lui restaient et d'aiguilles de pin, espérant que ce pauvre manteau lui éviterait de périr gelé. Lorsqu'il eut terminé, il ramassa un gourdin et s'installa à côté de lui, sous les branches basses des sapins, décidé à monter la garde jusqu'au petit jour.

Des loups s'approchaient, parfois de plusieurs côtés à la fois. L'un d'eux s'aventura même sur le chemin à quelques pas des deux garçons. Guillaume n'avait pas peur. Protéger Richard l'empêchait de penser à ses propres craintes. « Comment allons-nous faire, songea-t-il, nous ne sommes partis que depuis quelques jours et nous voilà déjà incapables de continuer… » Un sentiment de honte le traversa. Qu'allait-il devenir si Richard ne se réveillait pas ? Il s'imaginait déjà expliquant au comte qu'une poignée de bandits avait suffi pour anéantir l'expédition…

Malgré l'épuisement et le contrecoup de l'attaque subie, le jeune homme résista à l'envie de dormir. La neige s'arrêta de tomber peu avant l'aube. Le manteau blanc recouvrait les cimes des sapins et le carrefour.

Avec les premières lueurs du jour, les loups reculèrent au plus profond de la forêt. Guillaume faisait les cent pas sur le chemin en se frappant les épaules de ses poings pour se réchauffer lorsque Richard gémit. Le jeune moine accourut aussitôt.

— Richard, réveille-toi !

Le jeune homme s'agita sans répondre, comme s'il rêvait, puis ouvrit les yeux. Il porta instinctivement la main à son crâne.

— Que s'est-il passé ? articula-t-il avec difficulté.

— Nous avons été rançonnés.

— Nos sacoches ?

— Je ne suis pas allé voir, il faisait nuit.

Richard se redressa et, d'un regard vague, observa le carrefour et les sous-bois. Il s'arrêta sur Guillaume et demanda :

— Tu n'as rien ?

— Ils m'ont assommé, comme toi.

Le jeune chevalier fit un effort pour se relever mais de violents vertiges l'en empêchèrent.

— Ma tête, ma tête… dit-il d'une voix plaintive.

Guillaume s'approcha pour le soutenir.

— Il faut reprendre la route. Nous avons perdu trop de temps. Et ils ont volé les chevaux.

Richard le regarda fixement puis se laissa retomber assis.

— C'est fichu, lâcha-t-il. Nous allons rentrer au château et, pour le reste de ma vie, je porterai la responsabilité de cet échec. L'Histoire se souviendra de moi comme de l'incapable qui aura bafoué l'honneur des Montbard.

Guillaume s'accroupit et rétorqua :

— L'honneur de ta famille repose donc sur deux chevaux fatigués, deux vieilles carnes ?

— Ne me cherche pas ce matin, Guillaume, j'ai eu une nuit difficile…

Le moine dévisagea son compagnon d'un regard froid. Il essaya de se contenir, mais cette fois, il n'y tint plus. Il explosa :

— Et moi, que crois-tu que j'aie fait ? Je t'ai veillé toute la nuit, je t'ai protégé de ces loups qui n'attendaient qu'une occasion pour se repaître de nous. Que tes ancêtres me pardonnent, mais l'honneur des Montbard n'est rien à côté de l'enjeu de notre mission. Nous allons continuer et tu vas cesser de te comporter en seigneur !

Richard était stupéfait : jamais personne n'avait osé lui parler de la sorte. Guillaume s'agitait, remuait les bras en tous sens. Sa voix résonnait dans le petit matin glacial.

— Tu disais toi-même qu'avec ces chevaux on n'allait pas plus vite qu'à pied. Eh bien, voici venu le moment de le prouver !

Leurs sacoches n'avaient pas été découvertes. Les deux garçons reprirent leur route. À la première commanderie, ils troquèrent une de leurs lettres de change contre une bourse de pièces sonnantes et trébuchantes. À pied, la route paraissait plus longue, mais Guillaume n'y voyait pas que des inconvénients : loin des chevaux, il vivait toujours mieux.

Richard n'avait plus essayé de se lamenter sur son sort ni sur l'honneur perdu de son illustre lignée. Il n'avait d'ailleurs plus rien dit avant d'arriver dans la petite ville de Domane, au pied des massifs montagneux alpins. Le bourg accueillait sa foire et les rues étaient animées de toutes sortes de commerces. Les sabots des bestiaux labouraient les chemins de terre battue, les transformant en un cloaque glissant. Le froid ne semblait pas rebuter les villageois, qui discutaient bruyamment jusque sous le porche des maisons de bois à étages.

Les deux garçons, décidés à s'équiper contre le froid, s'achetèrent d'épaisses couvertures de laine grossièrement tissée. Au détour d'une rue étroite, ils entrèrent dans une taverne pour s'offrir un vin chaud. Au regard dégoûté du patron, Guillaume prit conscience de leur état lamentable. Sales, dépenaillés, portant chacun une sacoche de cuir sur l'épaule et une couverture roulée, ils ressemblaient vraiment à deux pauvres apprentis. Au moins, il n'y avait plus aucun risque que l'on soupçonne une vaillante expédition !

Ils s'attablèrent près de la grande cheminée, et en se frictionnant les mains ils se réchauffèrent peu à peu, relativisant du coup leur terrible mésaventure. Vue d'une bonne table au fond d'une taverne un jour de foire, la situation ne leur paraissait plus aussi dramatique que la nuit au fond des bois, encerclés par les loups…

Il leur fallut beaucoup de volonté pour abandonner leur place confortable auprès du feu et repartir dans le froid humide. La lumière grise paraissait si triste après les flammes chaleureuses et dansantes… Guillaume avait la tête qui lui tournait un peu, les quatre gobelets de vin ne devaient pas y être étrangers.

Après une longue journée de marche, l'auberge du soir fut une bénédiction. Le repas chaud et la couche de paille leur apportèrent un véritable réconfort. Même Richard, pourtant habitué au luxe, ne se souvenait pas d'avoir été aussi à l'aise que dans ce dortoir protégé du vent, à l'abri de la neige, avec en supplément la chaleur et l'odeur rassurante des chevaux…

Le lendemain, les deux garçons avaient récupéré. Il le fallait car leur périple les obligeait désormais à quitter les chemins pour emprunter des sentiers escarpés à travers la chaîne des Alpes.

Le dernier village traversé paraissait à présent minuscule au fond de la vallée. L'étroite piste serpentait à flanc de montagne entre les blocs de roche couverts de neige et les éboulis. La végétation se faisait rare. Seuls les bergers et leurs troupeaux, ainsi que quelques contrebandiers, devaient emprunter ces raccourcis difficilement praticables. En coupant à travers les sommets, ils pouvaient espérer gagner trois jours de marche. Tant pis pour le risque de se perdre !

— Fais attention de ne pas glisser, conseilla Richard d'un ton un peu paternaliste. La neige est gelée par endroits.

Guillaume acquiesça avant d'ajouter :

— Tu nous vois là-dessus avec des chevaux ? Finalement, je ne les regrette pas.

— La seule chose qu'il était vraiment important de sauver, c'était nos sacoches, et j'ai fait ce qu'il fallait pour, répliqua Richard.

Comme à l'accoutumée, Guillaume se contenta d'approuver d'un simple mouvement de tête ce nouveau couplet d'autocélébration.

Plus ils gagnaient en altitude, plus ils avaient du mal à respirer. Ils franchirent un premier col, puis traversèrent un plateau désert et battu par les vents avant d'attaquer une autre montée encore plus abrupte. Richard s'inquiétait de son essoufflement, il pensait que ce pouvait être la conséquence du difficile épisode avec les bandits.

De gros nuages bouchaient l'horizon. Le froid leur épargnait la soif. Guillaume n'avait d'ailleurs pas entamé sa gourde et préférait sucer de la neige ou des stalactites translucides cueillies aux arêtes des rochers.

Enfin arrivés au col, ils ne firent pas un quart de lieue de plus. Il leur serait facile de reprendre dans le sens de la pente le lendemain. Épuisés, gelés, ils se blottirent dans le premier repli de la paroi rocheuse avant que la nuit ne tombe complètement. Sans attendre, ils avalèrent quelques lanières de viande séchée et la moitié de leur belle miche de pain.

— Ici au moins, lança Richard, personne ne viendra nous dévaliser.

Le vent qui sifflait dans les crêtes toutes proches avait des accents lugubres. Les deux garçons s'étendirent, tassés contre la paroi de roche brute. Le sol était inconfortable mais la couverture se révéla fort utile.

Guillaume était recroquevillé, enroulé dans l'étoffe, regardant la nuit les yeux grands ouverts.

— Tu dors ? demanda-t-il à tout hasard.

— Non, répondit Richard.

— À quoi penses-tu ?

— À la tournure que prend notre voyage.

— Tu ne le voyais pas comme ça ?

— Pas vraiment. En fait, je ne le voyais pas du tout. Je n'imaginais que des combats, des victoires, un départ, un retour.

— Il y a surtout le quotidien, les détails auxquels on ne pense jamais. Moi non plus je ne l'imaginais pas comme cela, notre parcours…

5

Pendant les deux jours qui suivirent, ils ne croisèrent pas âme qui vive. Ils ne trouvèrent aucune maison, excepté un cabanon de berger qui leur permit de faire un feu. Leurs besaces s'allégeaient à chaque repas et si Richard n'avait pas réussi à attraper un lapin, ils auraient certainement souffert de la faim.

Les chemins rocailleux avaient eu raison de leurs pieds et même par ces températures glaciales, ils prirent quelques bains dans les ruisseaux qui dévalaient les pentes. Selon Richard, l'eau froide empêchait l'infection. D'après Guillaume, elle allait leur valoir un bon rhume.

Ils marchaient d'un pas entraîné et leurs conversations étaient de plus en plus longues. Richard racontait ses innombrables exploits contre tous les gamins du fief et Guillaume l'écoutait. Lorsque ce dernier se mettait à parler d'un livre ou d'un texte qu'il avait étudié, il était généralement l'heure de manger ou de dormir…

Au troisième jour, débouchant de la dernière ligne de crête, les deux jeunes gens firent halte au sommet du col. Devant eux s'ouvrait un paysage de plaine. À perte de vue, il n'y avait plus que de petits monts ronds aux formes douces. Plus de pentes abruptes, plus de raidillons glissants recouverts de cailloux instables.

Cette vision leur donna des ailes et, en fin d'après-midi, ils étaient au-delà de la ligne d'horizon visible le matin. Ils avaient coupé à travers bois jusqu'à croiser un chemin vers l'est. Ils ne rencontrèrent qu'un paysan qui cheminait à côté de sa charrette remplie de bois mort. Il leur confirma qu'ils étaient sur la route de Milan.

Avec la fin des montagnes, ils avaient quitté le royaume de France et se trouvaient maintenant sur les terres du Saint Empire romain germanique.

Pendant dix jours, ils marchèrent et marchèrent encore. Ils traversèrent des campagnes magnifiques éclairées de lumières jusqu'alors inconnues. Au gré des villes, ils remplaçaient ou étoffaient leurs pauvres vêtements.

C'est ainsi qu'un beau matin les gardes de la porte nord de Venise virent se présenter deux jeunes garçons qui disaient vouloir s'embarquer sur les grands voiliers partant chaque jour vers le levant. Guillaume et Richard avaient eu le temps de roder leur histoire auprès de tous les aubergistes qui jalonnaient leur route.

Venise se remettait d'une épidémie de peste et n'avait rouvert ses portes aux voyageurs que depuis quelques jours. Le commerce en avait certes pâti mais les affaires reprenaient rapidement… La ville était immense, grouillante de monde, sillonnée d'un réseau inextricable de rues, de ruelles et de canaux. La radieuse cité ne comptait pas moins de mille cinq cents feux soumis à la taxe, soit plus de six mille habitants…

Chaque quartier était organisé et géré par une corporation. Dans une rue on trouvait les marchands de soie et leurs riches demeures aux entrepôts remplis de rouleaux multicolores ; sur telle place s'alignaient les bijoutiers et leurs devantures aux petites fenêtres. Partout, le commerce était florissant, présentant aux yeux curieux des denrées et des matières venues du bout du monde, des lointaines contrées d'Asie. Chacun de ces trésors avait été acquis à prix d'or, troqué après d'âpres négociations ou même arraché à des peuplades réputées sauvages pour parvenir ici après des mois ou des années de périple. Richard et Guillaume ne savaient plus où porter le regard. En quelques rues, ils avaient découvert plus d'objets étonnants que dans tout le reste de leur vie. La curiosité les ralentissait, chaque nouvelle échoppe justifiait qu'on s'y arrête. Ils ne songeaient plus à la fatigue ou à leur projet de retourner boire un vin chaud dans une quelconque taverne. De plus, Richard remarqua rapidement qu'en matière de jolies filles Venise pouvait prétendre à la meilleure renommée...

Ils auraient pu passer des jours à flâner ainsi, mais le soleil n'allait pas tarder à décliner et il leur fallait encore étudier les formalités d'embarquement. En avançant dans la ville, on se dirigeait immanquablement vers le port. Il était, sinon la facette la plus luxueuse de la cité, du moins la plus importante. Toute la richesse de Venise en provenait, toutes les marchandises des échoppes avaient un jour glissé sur ses quais.

Par-dessus les toits des hautes maisons, les mâts des grands voiliers annonçaient la mer. Les mouettes planaient en criant. Pour la première fois, Richard et Guillaume allaient découvrir cette infinie étendue d'eau, le trait d'union entre trois continents, entre trois mondes...

Au détour d'une rue, ils aperçurent les quais. Ils se faufilèrent entre les lourdes piles de tonneaux et les alignements de coffres et de caisses. Un navire en provenance de Tripoli venait d'accoster et, comme d'habitude, l'effervescence régnait dans le port. Des dizaines de matelots, de manœuvres bloquaient le navire le long des quais de bois en tirant sur les amarres jetées des ponts. Les immenses voiles étaient repliées par des mousses qui paraissaient minuscules, perchés dans les haubans. Une fois les passerelles abaissées, tous s'affairaient à vider le navire de son précieux contenu pour le livrer le plus rapidement possible aux marchands qui contrôlaient les listes avec une précision tatillonne. Chacune des cargaisons entrant au port était attendue avec impatience. Chaque expédition qui revenait occasionnait une fête chez son armateur. Il y avait les chanceux, qui ne perdaient qu'un navire sur quatre, et les autres, ceux qui ne voyaient jamais revenir ni leur équipage, ni leur investissement. Ils étaient nombreux, du soir au matin, à guetter les pavillons au loin pour savoir si Dieu avait décidé de leur rendre un fils, un mari, un ami. Beaucoup repartaient du port déçus, reportant tout leur espoir sur le jour d'après...

Béats d'étonnement, Guillaume et Richard déambulaient au milieu de cette agitation. Plusieurs fois, ils demandèrent l'office des pèlerins mais personne ne se détourna de sa tâche pour les renseigner. Ils finirent par s'adresser à un vieil homme qui regardait le spectacle comme eux, appuyé à un chariot. Lorsqu'il était plus jeune, il y participait. Aujourd'hui, il n'était qu'un spectateur nostalgique. Il leur indiqua une façade ornée d'une croix, à l'autre bout de la jetée. Ils ne pouvaient pas la manquer, elle se trouvait juste à côté du bureau d'embarquement militaire...

La porte était ouverte et l'intérieur encombré de baluchons empilés. Un homme assez âgé arriva par une porte située au fond de la pièce.

— Il est trop tôt pour charger, leur dit-il sèchement. Le bateau n'est pas encore prêt et j'ai déjà mon compte de porteurs.

Devant l'air ahuri de ses deux interlocuteurs, l'homme demanda :

— Vous n'êtes pas manœuvres ?

— Nous venons pour embarquer sur le prochain bateau pour les Saintes Terres, fit Guillaume. Nous avons de quoi payer.

L'homme changea aussitôt d'attitude et se précipita pour les saluer en se répandant en excuses.

— Mille pardons, messeigneurs. Vous n'êtes pas vêtus comme les pèlerins qui viennent nous voir d'habitude.

Vous voulez donc vous inscrire pour un départ vers Jérusalem.

— Plutôt Smyrne, précisa Guillaume.

— Est-ce là un nouveau pèlerinage ? s'enquit l'homme. Nous n'envoyons que des soldats là-bas, et n'en rapportons que des épices et des teintures.

— Nous rejoignons nos familles. Nos parents sont négociants, prétexta Guillaume afin de couper court aux investigations.

L'homme se détourna vers son petit bureau et attrapa un épais volume recouvert de cuir sale et éraflé.

— Soit, alors disons Smyrne.

Il feuilleta les pages avec cérémonie en prenant bien soin d'humecter son doigt avant de tourner la suivante.

— Ah, voilà ! fit-il. Vous avez beaucoup de chance, messeigneurs. Nous avons un départ demain. Bien sûr, pour ces destinations rares, le prix de la traversée est plus élevé…

— Nous paierons ce qu'il faut, coupa Richard, sûr de lui.

— Et il est d'usage de régler le retour aussi…

— Mais si nous décidons de rentrer par les terres ou d'emprunter une autre voie maritime ? protesta Guillaume.

L'homme leva les mains en signe d'impuissance et ajouta, hypocrite, en désignant les cieux :

— Aller vers Dieu demande parfois des sacrifices, messeigneurs…

Le bateau suivant ne partirait peut-être pas avant des semaines, les deux garçons n'eurent pas le choix. Ils convinrent de revenir le lendemain, jour du départ, à midi, heure d'ouverture des inscriptions et des embarquements.

— C'est du vol, grogna Guillaume une fois sorti.

— Que pouvons-nous faire ? Chaque jour compte.

— D'autant que dans quelques heures, toute la ville saura que deux jeunes gens peu avares correspondant à notre signalement cherchent à embarquer pour Smyrne. De quoi passionner les espions qui doivent rôder dans les parages… Je ne fais aucune confiance à cet homme. Il nous vendra si cela peut lui rapporter.

— Ne t'inquiète pas, fit Richard. Nous ne restons pas longtemps. Personne ne pourra nous empêcher de partir !

Puis fièrement, il brandit sa besace et ajouta :

— Puisque j'ai sauvé la sacoche !

Il éclata d'un rire franc et entraîna son compagnon dans les ruelles qui, avec la nuit, devenaient de plus en plus sombres…

L'auberge était modeste, située entre deux bâtiments à colombages qui la dominaient d'un bon étage. C'était l'enseigne au grand voilier à trois mâts arborant la croix rouge des croisés qui les avait attirés. La longue salle basse était encombrée de tables, pour la plupart vides à cette heure. Dans la cheminée, un imposant chaudron bouillonnait, empli d'une soupe à l'appétissant fumet. Pour la dernière nuit, Richard avait convaincu Guillaume de s'offrir une vraie chambre, avec un vrai lit de foin frais et une porte qui ferme. Malgré la dépense et le manque de discrétion, Guillaume avait cédé.

À la nuit tombée, Venise changeait de visage. Les rues se vidaient, les commerces étaient fermés, on ne croisait plus aucune charrette chargée de caisses. Quelques chiens erraient dans les rues. La ville n'était pas assoupie pour autant. Par les fenêtres aux petits carreaux déformants, les lueurs chaudes des lanternes annonçaient une autre vie. Partout, les marins envahissaient les tavernes en bandes, chantant et buvant jusqu'à ne plus pouvoir tenir debout. Une fois le jour tombé, cette ville redevenait la leur. Tout était fait pour eux, ils en étaient les princes. Les commerçants riches avaient disparu, barricadés dans leurs palais, et les gens du port, du bas peuple aux armateurs, prenaient leur revanche. Ville de commerce le jour, Venise redevenait chaque nuit l'un des plus grands ports du monde...

La plupart des marins étaient au moins aussi forts et aussi costauds que Richard. Ici, il n'était plus la vedette, d'autres s'adonnaient à ces compétitions futiles pour savoir qui était le plus musclé ou le plus adroit. Sur les tables, les hommes pratiquaient le bras de fer entre deux gobelets de vin ; dans les arrière-salles enfumées, ils pariaient leur maigre solde sur un jeter de couteau dans une cible mal dessinée.

Guillaume contemplait ce spectacle avec intérêt. Lui qui n'avait connu du monde que ce que les frères lui avaient appris découvrait une autre façon d'envisager la vie. Personne ne faisait sa prière, les hommes riaient et se battaient, entourés d'essaims de jolies filles dont la tenue se relâchait à mesure que la soirée avançait.

— Regarde la brune près du pilier, celle suspendue au cou de ce vaurien, fit Richard en expert.

Guillaume ne la chercha même pas. Il gardait le regard obstinément fixé sur son gobelet – le deuxième –, les mains sagement posées de chaque côté.

— Mais regarde donc ! insista Richard. Des filles comme ça, on n'en voit jamais d'aussi belles. Enfin ailleurs, parce qu'ici… Depuis notre arrivée, j'en ai bien remarqué une douzaine. Et il y en a plus encore depuis la nuit. On dirait qu'elles apprécient les marins. Je crois que je vais aimer ces grands bateaux…

Guillaume n'avait pas bougé et rougissait à vue d'œil. Richard remarqua le trouble de son compagnon et lui demanda :

— C'est vrai ce qu'on dit sur les frères ? Vous n'avez pas le droit d'aimer une fille ?

— Ni les filles, ni les excès de boisson, ni les armes, ni la vanité. C'est mauvais. Toutes ces tentations éloignent l'homme de la voie de la sagesse et de la purification.

Richard pointa la fille du doigt, insistant :

— Tu devrais quand même jeter un œil à celle-là. Tu dis vrai, c'est une véritable tentation. Si Dieu l'a faite à son image, alors je veux bien l'embrasser.

— Ne blasphème pas, Richard, s'il te plaît !

— Pardonne-moi, mais ce soir, je me sens d'humeur amoureuse.

Guillaume baissa la tête et la serra entre ses mains comme pour se boucher les oreilles.

— Tu n'as jamais connu de fille ? demanda Richard abruptement.

Guillaume releva le visage et le fixa durement.

— Non, et je n'en connaîtrai jamais. Je te serais reconnaissant de parler d'autre chose.

— D'autre chose, d'autre chose, tu en as de bonnes. Nous quittons l'Europe après-demain et nous ne savons pas quand nous reviendrons – si nous revenons… Venise est une ville idéale pour faire ses adieux à l'amour. Tu pourrais d'ailleurs y faire tes premières armes…

Guillaume se leva d'un bond en frappant du poing sur la table.

— Écoute-moi bien, Richard. Tu peux faire ce que tu veux, moi je rentre à l'auberge. Reviens quand tu auras épuisé tes forces et ta soif de vice…

Toute la salle avait remarqué le haussement de ton de Guillaume. Il sortit et alla dîner seul. Il n'en voulait pas à Richard. Après tout, il n'avait pas choisi de renoncer à la chair, lui. Ce n'était qu'une différence de plus entre eux. Richard était beau, il n'aurait aucun mal à séduire. Mais Richard était Richard et Guillaume n'aurait jamais dû l'abandonner à ses envies…

6

Allongé sur la paillasse, Guillaume songeait à Richard sans oser imaginer ce qu'il pouvait faire, Dieu l'en préserve.

La nuit était déjà bien avancée et le jeune chevalier n'était toujours pas rentré. Où pouvait-il être ? Bien sûr, Guillaume aurait pu s'endormir et profiter de la couche de paille qu'il n'avait pas à partager avec son compagnon de voyage, mais le comte de Montbard lui avait demandé de veiller sur son fils et pour le jeune frère, ce n'était pas un vain engagement. Il décida de partir à sa recherche.

Dans la ruelle déserte, seuls quelques chats miaulaient au loin. La lune était haute. Il faisait un froid à pierre fendre. Guillaume remonta son col et décida d'aller d'abord à la taverne où ils s'étaient quittés.

Peu d'établissements demeuraient éclairés à cette heure. Et les derniers marins toujours debout ne l'étaient plus pour longtemps. Certains étaient affalés en tas, sous les porches. Le froid les réveillerait plus tard et ils retourneraient, titubants, à leur cantonnement, l'esprit lourd, les poches vides et la bouche pâteuse.

La taverne était encore ouverte. Seuls quelques hommes restaient attablés à parler bruyamment de leurs expéditions aux confins du monde. Chacun avait vogué sur le plus grand bateau et avait triomphé des pires dangers. Le feu mourait dans l'âtre. Étendue sur une table, la jolie brune dormait ; une chope vide pendait au bout de ses doigts.

Guillaume demanda si quelqu'un avait vu son compagnon. L'un des marins reconnut le jeune homme qui était sorti si mécontent quelques heures plus tôt. Il sourit et lui indiqua d'un geste évasif les portes situées sur le palier supérieur. Guillaume monta rapidement l'escalier et s'arrêta devant la première. Derrière, il entendait des grognements essoufflés entrecoupés de petits rires. Que pouvaient-ils donc bien faire ?

— Richard ! appela Guillaume à voix basse. Richard, c'est moi !

Devant l'absence de réaction et les gémissements persistants, Guillaume entrouvrit doucement le battant, passa la tête dans la chambre à peine éclairée et… la ressortit aussi vite qu'il le put en claquant la porte. Comme s'il avait vu le diable, le jeune homme se signa et marmonna quelques mots de prière.

Derrière la porte suivante, il n'y avait aucun bruit. Guillaume était en sueur et hésitait énormément à l'idée de l'ouvrir. De quelle débauche allait-il être le témoin cette fois-ci ? Il surmonta sa répulsion et tourna la poignée.

Une seule chandelle brûlait encore, posée entre deux gobelets et une bouteille renversée sur la table près du lit. Richard était seul, endormi, presque nu, en travers d'une large paillasse. Guillaume s'approcha.

Il posa la main sur l'épaule de Richard en l'interpellant. Celui-ci se retourna en gémissant sans pour autant se réveiller. Guillaume empoigna alors son bras et le secoua fermement. Le jeune homme grogna encore, puis rampa vers son compagnon.

— Ma douce, ma jolie, cesse de me faire languir...

Puis sans même ouvrir les yeux, Richard se cramponna aux vêtements de Guillaume et avança vers lui une bouche gourmande.

Guillaume le gifla avec une telle violence que Richard roula sur lui-même à l'autre bout du lit. Cette fois-ci bien réveillé, Montbard se redressa, prêt à rendre la claque à l'impudente.

Il s'arrêta dans son élan en balbutiant un « Guillaume ? » stupéfait.

— Que fais-tu ici ? Et où est Isabella ?

Le jeune frère le dévisagea d'un air sévère et dit :

— Je ne sais pas ce que tu as fait et je préfère ne pas le savoir. Le jour va bientôt se lever. Habille-toi et rentrons.

— Mais je n'ai rien fait, se défendit Richard. J'ai rencontré Isabella, nous avons bu et puis tu m'as réveillé...

Guillaume le fixa, incrédule et furieux. Richard regarda autour de lui et blêmit.

— Mon Dieu, fit-il, paniqué. La besace ! Cette garce m'a volé la sacoche avec les lettres de change ! Comment allons-nous faire pour prendre le bateau ?

7

La matinée était bien avancée lorsque les deux garçons prirent la direction du port. Épuisés par une nuit sans sommeil, plus un sou en poche, les jambes douloureuses d'avoir parcouru le quartier des tavernes en tous sens à la recherche de la jeune beauté, ils faisaient peine à voir. L'attitude de Richard n'avait plus rien d'arrogant et Guillaume avait la mine fermée de celui que l'inquiétude ronge. Emmitouflés dans leurs pauvres vêtements, ils avançaient dans les courants d'air glacés des ruelles. À chaque nouvel établissement, ils poussaient la porte, découvrant des salles enfumées peuplées de marins dont beaucoup étaient assoupis après avoir trop bu de bière et Guillaume répétait sa pitoyable histoire, demandant sans y croire si quelqu'un avait remarqué une jeune femme portant une sacoche brune. Au mieux, la question se perdait dans un silence pesant, au pire, quelques remarques ironiques fusaient avec des rires moqueurs. Ils ressortaient bredouilles. Ils étaient à bout de nerfs et d'espoir. Leur mission était compromise, et il est probable que si elle ne l'avait pas été pour un motif aussi peu avouable, ils auraient décidé de rentrer au château de Montbard.

Richard dévisageait méthodiquement chaque femme qu'ils croisaient.

— On ne la retrouvera jamais, déclara Guillaume en s'arrêtant devant la porte de la dernière auberge avant les quais.

— Misérable garce, grommela Richard.

— Elle n'est pas la seule à blâmer, si tu vois ce que je veux dire...

Une cloche tinta quelque part vers le port. Midi. Chacun dans la ville connaissait la signification de ce signal : les inscriptions pour l'embarquement du prochain bateau en partance étaient ouvertes...

Les deux jeunes gens pressèrent le pas. Ils étaient nombreux à descendre vers les comptoirs d'embarquement. À présent, l'entrée du négoce qui occupait tout le rez-de-chaussée était invisible, masquée par la foule de pèlerins et de marchands qui se pressaient à ses portes. Il y avait là, au milieu des baluchons, des tonneaux et des caisses, des hommes et des femmes de tous âges. La troupe était hétéroclite ; des religieux y côtoyaient des tisserands et des soldats. Chacun avait son histoire et ses raisons d'être là, mais tous voulaient embarquer cet après-midi et il y avait fort à parier qu'il n'y aurait pas de place pour tout le monde...

L'armateur déjà rencontré la veille était à son aise, il virevoltait au milieu de l'assemblée, distribuant compliments obséquieux et promesses hypocrites à ceux qui semblaient les plus fortunés. Lorsqu'il aperçut les deux jeunes gens, il fendit la foule dans leur direction en s'exclamant :

— Messeigneurs ! J'avais peur que vous n'ayez changé d'avis. Se détourner de la voie divine est un grand péché, mais rassurez-vous, j'ai réservé vos places !

En écartant la foule sans ménagement, il entraîna les garçons vers son comptoir.

— Avez-vous pris le temps de découvrir Venise la magnifique ? leur demanda-t-il en ouvrant son registre.

— Certains quartiers seulement, répondit Guillaume en fixant Richard d'un regard lourd. Vas-y, ajouta-t-il à son intention. Annonce-lui la bonne nouvelle.

— Une bonne nouvelle ? s'enquit le transporteur. Faites-m'en part, il n'y en a pas tant en cette saison.

— Nous n'avons plus d'argent, laissa tomber Richard en fixant la page aux cases encore vides. Nous avons été détroussés.

Le marchand figea son sourire et, essayant de garder sa bonne humeur toute commerçante, répliqua :

— Dans nos vastes cités, c'est malheureusement fréquent. Les tentations sont grandes et la garde laisse entrer n'importe qui. Nous allons nous arranger. Vous avez sans doute quelques biens, quelques bijoux. Des jeunes gens de votre rang ne voyagent pas sans valeurs...

Guillaume secoua la tête. Richard resta prostré.

Les candidats voyageurs attroupés sur le quai eurent alors la surprise de voir les deux clients accueillis à bras ouverts quelques instants plus tôt se faire jeter à la rue sous les plus infâmes jurons. Richard enjamba les ballots pour échapper à la colère de l'armateur mais Guillaume n'eut pas son agilité et s'étala de tout son long dans les paquets, sous les rires des badauds.

— Freluquets ! hurla le transporteur, vous me faites perdre mon temps alors que ces princes et ces princesses attendent !

Il dominait le jeune homme affalé, désignant l'attroupement d'un geste emphatique.

— C'est en esclaves que vous prendrez la mer si je vous revois ! conclut-il en se détournant.

Guillaume demeura hébété, confus, affreusement vexé. Une main se tendit vers lui pour l'aider à se relever. Il la saisit sans hésiter en pensant qu'elle appartenait à Richard, mais il découvrit le visage d'une femme, à demi dissimulé sous une profonde capuche. Il rougit instantanément, et crut entrevoir un sourire. Une fois debout, il s'éloigna en trébuchant encore et murmura un inaudible merci au milieu des railleries.

— Nous voilà bien, fit remarquer Richard, soudainement réapparu comme par enchantement.

— Merci de ton aide, grogna Guillaume.

Richard désigna le bureau de recrutement militaire que l'on apercevait non loin de là.

— Nous aurons peut-être plus de chance avec ceux-là ?

— Tu veux nous faire engager comme mercenaires ? interrogea Guillaume.

— Au point où nous en sommes…

Ce comptoir-là était beaucoup moins avenant que celui des voyageurs. Le garde affalé sur son tabouret se mit à aboyer :

— Que voulez-vous ?

— Nous engager et partir pour Smyrne.

L'homme éclata d'un rire gras.

— Il est un peu tard. Vous n'avez même pas d'uniforme !

Puis désignant leurs ceintures vides d'un menton méprisant, il ajouta :

— Vous n'avez pas d'arme non plus…

— Mais nous serons utiles ! insista Richard.

— Et à quoi donc, sacrebleu ?

Pour Guillaume, la cause était entendue. Mais Richard scruta les abords et se dirigea vers un énorme tonneau de poisson salé. Il s'accroupit devant, sous le regard dubitatif du garde. Il le saisit et dans un grognement, le souleva pour venir le poser à ses pieds.

— Je peux faire ça, lança-t-il, essoufflé.

Le garde observait le jeune homme en dissimulant à grand-peine son étonnement. Il frotta sa joue mal rasée avant de demander :

— Tu es libre de tout engagement ? Tu n'es pas déserteur ?

— Je vous jure que non.

— Et ton ami, il peut en faire autant ?

Rien n'y fit. Ni l'excuse d'une récente blessure au dos, ni la promesse d'un talent de cuisinier ne firent changer le garde d'avis. Seul Richard fut introduit auprès du sergent recruteur pour signer la feuille d'engagement en qualité de porteur des armées royales. Il n'aurait droit ni à l'épée, ni à l'uniforme, ni au cheval et la solde serait misérable, mais il embarquerait avec le contingent d'aujourd'hui…

Une fois dehors, Richard essaya de rassurer son compagnon.

— Gagne quelques pièces, et prends le prochain bateau, je t'attendrai à Smyrne.

— C'est impossible, le départ suivant aura peut-être lieu dans des semaines. Que feras-tu là-bas ? Nous perdons un temps précieux.

— Évidemment, si tu avais été plus costaud, tu serais parti avec moi mais…

— Si tu avais été moins stupide, nous serions partis tous les deux sans que tu sois obligé de charrier des caisses comme le dernier des gueux…

Richard se raidit. Les deux jeunes gens restèrent un instant immobiles, face à face sur le quai dans l'agitation générale. Mettant fin à ce duel silencieux, Richard reprit :

— Tu as raison. C'est ma faute. Excuse-moi.

Guillaume, stupéfait par cette attitude inédite, en oublia toute colère.

Le recruteur militaire passa la tête par la fenêtre et hurla :

— Eh, toi, tu n'as pas été engagé pour te prélasser ! Le chargement a commencé. Va rejoindre les autres et n'épargne pas ta peine !

Richard regarda Guillaume comme jamais auparavant.

— Je dois y aller, fit-il.

— Ne t'inquiète pas, répondit Guillaume. Je vais trouver un moyen.

Il faillit lui tendre la main mais se ravisa.

— Comment vas-tu faire ?

— Je ne sais pas encore, mais je serai au départ, devant Dieu je le jure. Tant pis si je dois faire la traversée accroché à une corde cachée le long de la coque… Et maintenant, va, bon courage et à tout à l'heure.

Richard fit quelques pas à reculons et répéta, la gorge serrée, comme pour se rassurer :

— À tout à l'heure, donc.

Guillaume releva la main en signe d'au revoir.

— Dieu te garde, Richard de Montbard, la route est encore longue…

Richard s'éloigna. Lorsqu'il arriva au bateau, il se retourna. Guillaume avait disparu.

8

Au trentième tonneau, les passerelles du *San Domino* n'avaient plus aucun secret pour Richard. Du quai à la cale avant, il savait exactement où poser ses pieds pour épargner ses efforts et souffrir un peu moins. Le beau trois-mâts se remplissait peu à peu de barriques d'eau douce et de tonneaux de viande et de poissons séchés. Richard répétait inlassablement le même trajet, chargeant à lui seul presque autant que tous les autres réunis. L'heure du départ qui approchait occupait toutes ses pensées. Sans Guillaume, il se sentait seul.

Il jucha un imposant sac de pain sur son épaule et gagna le navire. Jusqu'au pont, il n'y avait rien de bien difficile, encore que l'étroite planche de bois qui surplombait l'eau entre la terre et le navire ne fût pas trop rassurante. Chaque fois, l'assemblage craquait sous le poids. Une fois arrivé au pied des mâts, il fallait descendre dans les entrailles du navire, traverser le pont des passagers, puis le pont des militaires et de l'équipage et enfin, se glisser dans les cales suintantes.

Les autres marins avaient d'abord raillé le nouveau venu, mais devant sa force et sa bonne volonté, ils avaient fini par l'encourager pendant qu'eux-mêmes ralentissaient le rythme, s'occupant à vérifier les rames de manœuvre, ou à recompter les vivres.

Le quai débordait encore de tonneaux et de caisses. Richard n'en voyait pas le bout. Il était convaincu que les cales ne pourraient jamais tout contenir et que, si on surchargeait, le bateau coulerait. Exténué, il en arrivait même à oublier Guillaume, mais dès qu'il ressortait, il scrutait le quai du regard, sans trouver celui qu'il cherchait. Il allait alors quérir un autre fardeau, les épaules basses et le visage sombre.

Le capitaine du *San Domino* se tenait à la proue, dirigeant les dernières opérations avant l'appareillage. Il était de bonne stature, le regard clair et le menton volontaire. Ses cheveux poivre et sel contrastaient avec la vivacité de ses gestes. Il arpentait le pont jusqu'à la dunette en hurlant ses ordres. Partout dans les haubans, les matelots préparaient les voiles. La pluie risquait de s'abattre à chaque instant. Si les voiles n'étaient pas parées avant, elles seraient deux fois plus lourdes à manipuler. Sur le quai, les quelques pèlerins qui avaient décidé de passer par Smyrne attendaient en observant le vaisseau sur lequel ils s'apprêtaient à accomplir le voyage de leur vie. La traversée ne devait durer qu'une dizaine de jours si les vents étaient favorables, mais la mer était imprévisible et tout pouvait arriver. En attendant, les futurs voyageurs se racontaient les histoires les plus effrayantes qui couraient sur les traversées. L'un d'eux avait entendu dire qu'un navire s'était échoué seul sur les côtes, tous ses occupants tués et décimés par une épidémie... Un autre évoquait les actes de piraterie, nombreux et souvent meurtriers. Mais le pire restait les tempêtes. Fréquentes, elles avaient causé la perte de bien des expéditions. Combien étaient partis sans jamais atteindre leur but ?

Mais les voyageurs étaient confiants, le *San Domino* était l'un des plus beaux navires de la flotte vénitienne et il était réputé pour sa bonne fortune.

Lorsque Richard déposa la dernière caisse au fond de la cale, il crut s'effondrer de fatigue. Tout était finalement rentré. Il s'assit quelques instants mais ne s'attarda pas. La cale grouillait de rats qui n'hésitaient pas à lui grimper dessus pour venir le renifler jusqu'au visage. D'un geste dégoûté, il en envoya un promener et leur abandonna la place.

En débouchant sur le pont du bateau, il détailla le quai une fois de plus sans y découvrir son compagnon. Le *San Domino* quitterait le port avec la marée d'ici peu et Richard s'inquiétait vraiment.

Lorsque ce fut aux passagers d'embarquer, les quelques militaires qui avaient encore des forces offrirent leurs services pour charrier leurs bagages. Les rares pièces reçues en gratification viendraient grossir les soldes et finiraient transformées en chopines dans la première taverne de Smyrne. Richard, qui s'était dépensé sans compter pour le chargement, n'avait plus de force.

Il prit alors sa première leçon de vie à bord : ne jamais faire plus que ce qui est obligatoire.

Un à un, les quarante passagers embarquèrent, passant devant l'armateur puis l'écrivain du bord qui consignait soigneusement sur son registre les nom et qualité. L'homme, visiblement très fier de savoir écrire, n'omettait jamais de demander si l'individu était baptisé et s'il était atteint d'une maladie infectieuse. Il y avait là une majorité d'hommes, souvent assez âgés et négociants, mais aussi des femmes, dont un groupe de six vêtues de la même robe brune à large capuche. Par égard ou par timidité, l'écrivain ne leur demanda pas leur nom à toutes. L'une de ces femmes avait aidé Guillaume à se relever. Toutes gagnèrent aussitôt le pont inférieur, réservé aux passagers. Ce niveau du navire était divisé en deux zones, celle située le plus à l'arrière étant réservée aux femmes et isolée de celle des hommes par de grands morceaux de vieilles voiles tendus.

À cet étage privilégié, réputé stable sur l'eau et assez bien protégé d'éventuels pirates, la vie s'organisait différemment à chaque voyage. Pendant l'accostage, on y manœuvrait les rames. Le reste du temps, ce pont abrité des embruns et des vagues était le domaine des voyageurs les plus fortunés.

Richard se tenait debout près de la passerelle et fouillait le port du regard aussi loin qu'il le pouvait.

— Première fois que tu prends la mer ? lui demanda une voix.

Richard se retourna. Un matelot lui faisait face.

— Moi aussi, au début, j'ai regardé la terre comme ça, continua l'homme. On laisse toujours des choses quand on s'en va.

Richard acquiesça, les yeux perdus dans la foule.

— Je m'appelle Daniel, fit le jeune marin en le saluant.

— Et moi Richard.

— Tu n'es pas mal tombé pour commencer. Le maître capitaine n'est pas un mauvais bougre, tu verras, mais méfie-toi des soldats et des vieux de l'équipage. Ils essaient toujours de rouler les nouveaux lorsqu'il est question d'eau douce et de nourriture. Ne joue pas aux dés avec eux : s'ils gagnent, tu es ruiné, et s'ils perdent, ils te battent à mort…

— Je tâcherai de m'en souvenir.

Richard écoutait, mais sans lâcher le quai du regard, ni la grande rue qui descendait de la ville jusqu'au port.

— Je me trompe ou tu attends quelqu'un ? demanda Daniel.

— J'ai rendez-vous.

— Et elle est mignonne ?

— On ne peut pas vraiment dire cela ! répondit Richard, amusé.

Le pavillon portant la croix de Jérusalem fut hissé et le capitaine donna l'ordre de remonter la passerelle. Richard hésita sur ce qu'il devait faire. Il songea à se sauver, ne voulant pas laisser Guillaume seul à Venise. Il souhaitait encore moins partir sans lui. Il était partagé entre l'appréhension et la mélancolie. Sur ce grand bateau dont les amarres retombaient lourdement en frappant la coque les unes après les autres, il se sentait, pour la première fois peut-être, vulnérable.

Les matelots remontèrent les amarres, le capitaine donna l'ordre de déployer le foc pour que le vent de terre pousse le *San Domino* vers le large. Richard fut envoyé au pont inférieur, aux rames. Il s'assit sur un banc sommaire et saisit la longue barre de bois qui traversait la coque par une petite ouverture carrée. Elle était sacrément lourde mais lorsqu'elle fut dans l'eau et qu'il fallut la ramener vers lui, Richard crut qu'il n'y arriverait jamais. Pas une fois il n'avait enduré pareil effort. Aucun de ses combats, aucune des épreuves d'apprenti chevalier ou de ses chevauchées n'avait exigé une aussi grande puissance. Replié sur la rame, il s'échinait à suivre le rythme des autres. Par l'ouverture, il distinguait une minuscule portion de quai. Bientôt, il ne vit plus que les troncs de bois qui soutenaient les quais puis l'eau, verdâtre et terne dans la lumière déclinante de cet après-midi d'hiver vénitien.

Un sentiment de tristesse et d'abandon le submergea. S'il n'avait pas été obligé de ramer, il aurait certainement pleuré, lui, Richard de Montbard. Mais l'effort surhumain le détournait de son désarroi. Le bateau craquait de toutes parts, livré à lui-même sur les flots. Des grincements sinistres parcouraient les structures. Sur le pont principal, situé juste au-dessus, Richard entendait les pas des hommes qui couraient à la manœuvre. Blottis dans les recoins, les pèlerins observaient les marins qui soufflaient comme des bœufs.

Le bateau vira de bord dans un lancinant roulis. Richard découvrit alors cette sensation unique, terrifiante pour ceux qui n'ont pas le pied marin : le moment où le sol se dérobe sous vos pieds, où l'univers bascule, réduisant à néant la douce impression de sécurité qu'offre la terre.

Le maître des manœuvres donna l'ordre de rentrer les rames.

— Remontez et reposez-vous là-haut, laissez les passagers s'installer, leur ordonna-t-il ensuite.

Venise n'était pas encore éloignée, les limites du port restaient visibles. Le vent gonflait la grand-voile qui surplombait majestueusement le pont. Au sommet, dans le nid-de-pie, Richard apercevait l'homme de vigie. Il paraissait minuscule tout là-haut…

Le bateau roula de nouveau et malgré la lenteur du mouvement, Richard manqua perdre l'équilibre. Daniel passa près de lui en courant vers la dunette et lui lança en riant :

— Bienvenue à bord ! Tu n'as pas fini de tanguer et de rouler !

Richard eut un vague sourire. Il avait le plus grand mal à surmonter la nausée qui le gagnait. Il regardait le plancher pour se rassurer mais rien n'y faisait, il se sentait de plus en plus mal.

— L'horizon, il faut regarder l'horizon ! lui cria un matelot. Si tu regardes le sol comme ça, tu vas te vider comme une bête !

Richard se précipita au bastingage, nez au vent, et scruta au loin, là où la mer gris acier se confondait avec le ciel couvert. L'air était chargé d'embruns. Richard passa la langue sur ses lèvres humides et sentit le goût du sel.

« Jamais je ne tiendrai dix jours, pensa-t-il. Je vais rendre mes tripes et mourir... » Il était condamné à tenir jusqu'à Smyrne où il attendrait Guillaume.

L'étrave du *San Domino* fendait les flots plus vite qu'une charrette vide tirée par deux bons chevaux. Quelques marchands étaient montés et regardaient le paysage, assez morne d'ailleurs sous cette lumière grise. Quatre des femmes encapuchonnées avaient gagné la proue. Elles restaient groupées, silencieuses et évitaient de passer près des matelots. Le capitaine les observait d'un œil goguenard. Il aurait une nouvelle anecdote à raconter à son retour.

Lorsque Richard remonta sur le pont après quelques corvées à fond de cale, il lui sembla que les vagues étaient plus grosses. Le bateau roulait davantage. Malgré cela, il préférait rester sur le pont ; dans le vent, il entendait moins les inquiétants craquements de la coque.

Le jour commençait à décliner. Le capitaine donna l'ordre d'allumer la chandelle de vigie. Le pont était, lui, faiblement éclairé par trois pauvres lampes à huile. Elles se balançaient en grinçant, suspendues aux potences des mâts.

Richard était calé entre une barrique d'eau douce arrimée et le bastingage. La mer devenait de plus en plus sombre. Peut-être n'était-ce que le reflet de l'obscurité qui gagnait ?

Non loin de là, une des femmes se promenait seule en décrivant de petits cercles autour du grand mât. Avec la mer qui se formait, il n'y avait plus beaucoup de monde pour déambuler à l'avant du navire. La poupe était moins agitée et les passagers s'étaient installés vers la dunette, près de la barre.

Richard se sentait mieux loin d'eux tous. Le premier repas à bord n'allait pas tarder à être servi. Lui qui faisait d'habitude preuve d'un si bon appétit n'avait pas faim malgré l'après-midi passé au large.

— Ne bouge pas, lui dit une voix venue de nulle part.

Richard fit volte-face. Il n'y avait personne ; les pèlerins étaient loin, la femme tournait toujours autour du mât en égrenant son chapelet.

— Ne bouge pas, t'ai-je dit. Nous avons peu de temps. Regarde au large. Personne ne doit savoir que nous conversons.

Richard connaissait cette voix, mais il ne croyait ni aux esprits, ni aux miracles. Il était impossible que ce soit lui.

— Qui êtes-vous ? Que voulez-vous ? demanda-t-il, soudain pris de panique.

— J'ai juré d'embarquer sur ce bateau. Je n'allais pas te laisser.

— Ce n'est pas toi, c'est impossible… Guillaume est à Venise ! cria Richard, tournant la tête.

Ses yeux s'écarquillèrent d'effroi. La jeune femme n'était plus là mais son ombre était sur lui, grande, le visage recouvert d'une profonde capuche…

— Moins de bruit, fit Guillaume en écartant un bref instant le revers de tissu. Tu vois bien que c'est moi !

Richard tremblait de la tête aux pieds. Il n'arrivait plus à parler, balbutiant quelques syllabes sans aucun sens.

— Je me suis fait passer pour une des femmes qui vont en pèlerinage. On ne les contrôle presque jamais.

— Et cette robe ?

— Prise à l'étal d'un marchand.

— Tu l'as volée ? demanda Richard, incrédule. Toi ?

— Empruntée. Je la rendrai à notre retour.

Le jeune Montbard eut un sourire comme il n'en avait pas eu depuis longtemps.

— Personne ne doit découvrir que je suis à bord. Les passagers clandestins sont jetés par-dessus bord ou vendus comme esclaves. Nous ne pourrons parler que la nuit, lorsque les autres seront endormis.

— S'épuiser sans dormir, c'est ça ton plan ?

— C'est le seul possible. Je resterai avec les femmes. Sans

leur parler. Elles n'ont pas le genre à poser des questions.

— Je veux bien me faire moine si tu n'es pas découvert en dix jours... déclara Richard.

— Je veux bien devenir chevalier si tu ne nous fais pas prendre...

Une voix venue de la dunette interpella Montbard.

— Eh ! Le nouveau ! Viens nous aider à distribuer les vivres.

Richard s'éclipsa sans avoir le temps de rien ajouter. Dans la pénombre, il souriait. En rejoignant la poupe, il ne se souciait plus ni du roulis, ni du vent, il avait le cœur léger et la mer ne lui faisait plus peur.

Il n'était plus seul.

Richard plongea la main dans le tonneau et en sortit un poisson sec tout raide et sans tête. Daniel le lui prit des mains et lui montra comment le partager.

— Que te voulait la femme tout à l'heure ?

Richard, surpris par la question, ne répondit qu'évasivement. Daniel comprit sa gêne et dit :

— Tu fais comme tu veux, mais je dois te prévenir que le capitaine ne tolère pas qu'un de ses hommes d'équipage ait un commerce avec une passagère. En plus, tu es nouveau, et c'est le premier soir...

— Mais je te promets, il n'y a rien...

— Je te préviens, c'est tout. Tu fais comme tu veux.

Puis, dans un large sourire, Daniel lui administra une rude tape sur l'épaule en disant :

— Sacré Richard !

Montbard rougit et se concentra sur ses poissons. Lorsque vint le moment de la distribution, chacun des passagers passa devant le sac de pain, la barrique d'eau, puis devant lui.

Avec la faible lumière, il ne parvenait pas à voir sous quelle capuche se dissimulait Guillaume. Il essaya bien de reconnaître les mains, mais sans succès. Lorsqu'il n'y eut plus personne à servir, Richard dut se rendre à l'évidence : il n'avait pas pu déceler la présence de son ami. Peut-être le stratagème de Guillaume allait-il fonctionner jusqu'à Smyrne...

Richard mangea son pain trempé dans l'eau avec les autres matelots. Il en avait découpé une belle part qu'il avait glissée dans sa besace, pour la nuit. Beaucoup des hommes d'équipage avaient accompli de nombreuses traversées. Le plus vieux en comptait déjà neuf. Il avait réchappé des pirates et des tempêtes. Il avait vu la mort cent fois mais s'en était toujours sorti. Il s'appelait Benito. Tous le respectaient et le considéraient comme une mascotte.

Tant que Benito allait bien, le *San Domino* irait bien. Même le capitaine lui demandait de ses nouvelles chaque matin. L'équipage riait de bon cœur aux récits outrageusement héroïques qu'il faisait de chacun de ses périples. Il n'y avait pas de mauvais bougre, et si certains avaient la boisson facile et le verbe haut, tous paraissaient dignes d'une relative confiance. Sauf un, peut-être. Son regard n'était pas franc et il posait des questions sans jamais rien dire de lui. Il était arrivé la veille, en renfort d'un autre équipage, après qu'un des matelots habituels du *San Domino* s'était fait poignarder dans une sombre ruelle durant l'escale.

Après le repas, bien qu'il ne fût pas si tard, la plupart des passagers descendirent pour aller se coucher. La première nuit à bord était toujours un moment particulier, c'est là que l'on découvrait qui ronflait, qui ne dormait pas. Chacun serait allongé sur sa natte, aussi épaisse que l'individu était riche, serrant ses biens les plus précieux contre lui. Un matelot avait distribué les vases d'aisances. Si la mer restait aussi peu agitée, personne ne serait malade. Quelques matelots fumaient sur la dunette, le capitaine affectait les quarts de garde aux plus anciens avant de se retirer avec l'écrivain de l'équipage pour tenir les livres de bord.

Richard était assis au pied du grand mât. Il frissonnait, un peu à cause du vent qui fraîchissait avec la nuit, mais surtout à cause de la fatigue. Il attendait avec impatience de voir la silhouette encapuchonnée surgir de la bouche de pont. Le navire était presque désert, on avait réduit la voilure pour la nuit et deux des chandelles étaient déjà soufflées. Le bateau n'était plus qu'un fantôme sur l'eau, et les mâts si peu éclairés au pied montaient jusqu'à se perdre dans la nuit sans lune.

La silhouette apparut et se glissa jusqu'au bastingage.

— Je n'aime pas trop les mouvements que fait le bateau, je préfère la terre, murmura Guillaume.

— Tu t'y feras, assura Richard. Question d'habitude.

Guillaume hésita avant de déclarer :

— Désolé de ne pas t'avoir fait signe avant. C'était trop risqué.

— Ce n'est rien. Mais j'ai eu peur. Nous ne devons pas parler longtemps. Ils vont se méfier. Tout le monde pense que tu es une femme et le capitaine ne veut pas d'histoire.

— Je préfère encore qu'il me prenne pour une femme que pour un clandestin.

— Tu serais vendue à un riche sultan plutôt que d'être balancée aux crabes, ricana Richard.

— Pauvre sot.

— Tu n'es pas bien jolie, on ne tirerait pas cher de toi... ajouta Montbard, hilare.

— Je vais me coucher, coupa Guillaume, faussement vexé.

Richard attendit un long moment après que Guillaume eut disparu dans la trappe de la cale. Il grelottait à présent. Il ne soupçonnait pas que cette nuit serait décisive, pour lui comme pour son ami. Demain matin, rien ne serait plus jamais pareil pour le jeune moine...

9

Guillaume descendit l'échelle à larges marches qui conduisait au pont des passagers. À l'abri du vent, il faisait meilleur. Les écoutilles des rames avaient été colmatées par de petits volets de bois. Le *San Domino* voguait dans la nuit, doucement ballotté par la mer. Les hommes d'équipage et les passagers étaient gagnés peu à peu par le sommeil. Roulés dans des couvertures d'étoffe grossière, tout habillés et accrochés à leurs baluchons, ils cherchaient la position la plus confortable pour cette première nuit. L'unique lampe à huile n'éclairait pas les recoins. Les ombres bougeaient au gré des balancements de la lampe au verre sale. Pour ceux qui n'avaient jamais navigué, les places les plus prisées se situaient le long de la coque. On pouvait s'y caler et éviter de rouler avec le bateau. Mais aucun de ceux qui avaient déjà fait ne serait-ce qu'une petite traversée ne se battait pour les avoir. L'humidité des parois y était telle que l'on se réveillait immanquablement avec de terribles maux de dos, parfois même des grippes…

Dans l'indifférence générale, Guillaume se faufila entre les corps étendus pour rejoindre le quartier des femmes. Il faisait attention de ne prononcer aucune parole. Arrivé devant les draps tendus, il tira sur les bords de sa capuche pour dissimuler son visage autant que possible. Il se glissa derrière la lourde toile.

La lumière de la lampe, filtrée par les draps blancs crasseux, créait une atmosphère plus douce, presque chaleureuse. Deux des femmes étaient déjà allongées et les trois autres s'étaient regroupées au centre pour prier à voix basse. Elles n'étaient plus cachées sous leur manteau. Guillaume crut reconnaître celle qui lui avait tendu la main le matin même. Elle était agenouillée, assise sur ses talons, les mains croisées sur sa poitrine. Les jeunes femmes parlaient si bas que Guillaume ne comprenait pas un mot. Il gagna le fond, sombre et retiré. À même le plancher, il s'étendit sur le flanc en observant. Il se sentait mal à l'aise. Il n'osait ni bouger ni tousser. S'il venait à ronfler, il serait trahi. Elles se rendraient vite compte qu'il n'était pas une des leurs. Il n'arrivait pas à détacher son regard des jeunes femmes. Elles semblaient solidaires, fières. Lui qui depuis sa plus tendre enfance n'avait côtoyé que des hommes éprouvait une véritable fascination. Emmitouflé dans son manteau, il se recroquevilla pour tenter de se réchauffer. Ses mains se joignirent dans le tunnel formé par ses manches réunies. En silence, il pria. Il demanda l'aide du Tout-Puissant pour résister à cet épuisant voyage, il implora sa protection pour lui et pour Richard et demanda pardon pour les péchés commis depuis quelques jours – il n'en avait d'ailleurs pas commis autant dans tout le reste de sa vie…

Le visage blotti au fond de sa capuche de laine, il gardait son regard rivé sur les trois jeunes femmes. Deux d'entre elles se préparaient pour la nuit, étalant de confortables nattes. La dernière, qui apparaissait de plus en plus comme la meneuse du groupe, retira son manteau d'un seul geste. L'étoffe épaisse et sombre glissa sur elle avec grâce, laissant apparaître une robe plus fine. Une de ses compagnes tira d'un ballot un peigne de corne ouvragé.

Guillaume aurait voulu détourner le regard, il aurait souhaité que quelque chose se passe sur le bateau pour échapper à la vision hypnotisante de cette jeune femme qui défaisait ses cheveux à contre-jour dans la douce lueur de la lampe. Qui était-elle pour avoir une servante ? D'où lui venaient ses manières de princesse et sa beauté de reine ? Guillaume n'en savait rien. Il imaginait tout. Elle renversa la tête en arrière et présenta sa longue chevelure au peigne de la servante. Digne, impériale, elle se tenait agenouillée, les yeux clos, les lèvres entrouvertes, les mains délicatement posées sur ses cuisses. Elle respirait régulièrement. Sa sérénité rassurait Guillaume, il en oubliait l'endroit où il se trouvait, il en oubliait sa mission, les risques, les enjeux. Il en oubliait tout. Lui qui n'avait promis sa dévotion qu'à Dieu, lui qui par vocation avait renoncé à la chair sans jamais l'avoir expérimentée, se trouvait face à des sentiments inconnus. Même si sa conscience religieuse le tenaillait, réagir était au-delà de ses forces. Seul comptait le spectacle de cette belle étrangère, de ses longs cheveux ondulés d'un brun profond qui descendaient en cascade sur ses épaules. Elle était là, devant lui, à quelques pas, se croyant loin des hommes et de leurs regards. Guillaume s'émut à l'idée qu'elle et lui avaient un point commun. Ils cachaient tous deux quelque chose sous leur épais manteau, elle sa beauté, et lui son identité. Elle finit par tresser ses cheveux. Puis sa compagne déroula sa couche et elle y prit place. Guillaume resta les yeux ouverts, à fixer la silhouette allongée et bientôt endormie de celle dont il ne savait rien. Il se fit prendre par le sommeil sans s'en rendre compte, emporté dans ses songes…

Le lendemain matin, ce furent les pas sur le pont situé juste au-dessus qui réveillèrent Guillaume. La mer était houleuse, le bateau bougeait beaucoup. Il entendit hurler des ordres. Il se frictionna le visage et s'étira. Le côté des femmes était désert, il en profita et s'empressa de retirer son manteau pour le secouer. Son dos lui faisait mal. Inquiet à l'idée d'être surpris, il l'enfila rapidement et se couvrit le visage.

Le temps était nuageux et le vent, à force de souffler, avait fini par lever les vagues qui se fracassaient de toutes parts contre la coque. Richard était à l'arrière du navire, occupé avec un autre matelot à amarrer une barrique. Non loin d'eux se trouvaient les cinq femmes, regardant comme toujours vers l'horizon.

L'ambiance du bord était comme le temps, maussade. La journée ne fut pas autrement. Le capitaine dirigeait les rares manœuvres d'un ton mécanique. Chacun vaquait à sa tâche et ne se retrouvait à la dunette que pour la distribution de victuailles et d'eau. Montbard s'intégrait aussi bien que possible dans l'équipage. Il connaissait tout le monde à présent.

À l'abri de son manteau, Guillaume passa la journée à prier et à observer les autres.

La nuit venue, il retrouva Richard avec un plaisir partagé. Celui-ci était épuisé physiquement et supportait mal de ne pas savoir l'instant d'avant ce qu'on allait lui demander. À n'importe quelle heure du jour ou de la nuit, il se retrouvait chargé d'une nouvelle corvée. Pas une fois, il ne pouvait se dire qu'il avait un peu de temps pour récupérer. Guillaume, lui, se plaignait surtout de sa solitude et de sa peur d'être découvert. Le jeune homme ne traîna pas et descendit rapidement. Il espérait secrètement qu'il pourrait à nouveau observer la jeune femme se faisant coiffer. Il n'aurait voulu manquer cela pour rien au monde.

Cette fois encore, il alla se placer dans le recoin sombre. La jeune femme le suivit du regard. À la lueur de la lampe, Guillaume vit pour la première fois ses yeux. Elle lui sourit. Il en trébucha et se heurta à un poteau.

Soudain, elle se leva. Elle avait quitté son manteau et ne portait plus qu'une longue chemise de coton mal tissé.

Elle fit quelques pas et attrapa son ballot puis l'ouvrit pour en sortir quelque chose. Guillaume ne pouvait s'empêcher de deviner les contours de son corps que chaque mouvement accentuait. Dissimulé au fond de sa capuche, il n'en perdait rien.

La jeune femme se redressa, pivota sur elle-même et se dirigea droit sur le jeune homme. À chacun de ses pas, Guillaume se pétrifiait davantage. « Elle n'a pas pu me percer à jour si rapidement », se répéta-t-il pour se rassurer. La haute silhouette se tenait à présent juste devant lui. Le visage était invisible dans le contre-jour. Elle s'accroupit. Guillaume n'était plus capable de rien, au bord de la panique.

— Tenez, lui dit-elle en tendant ce qu'elle avait extrait de son sac. C'est une natte. J'en ai deux. Ce sera plus confortable.

Guillaume mit de longs instants avant de trouver le courage de tendre la main et de saisir le matelas roulé. Il hocha la tête en signe de remerciement. Il se mordait les lèvres de peur. Se pouvait-il qu'elle le voie ? Qu'elle le devine ?

La jeune femme demeura un instant immobile, en attente d'une réaction. Ne voyant rien venir, elle se releva et s'éloigna. Guillaume sentait son cœur battre avec l'horrible sensation qu'il allait lui sortir de la poitrine. L'alerte avait été chaude. Alors qu'il allongeait ses jambes pour se détendre, il vit la grande silhouette faire volte-face et revenir vers lui.

Il se crispa d'un seul coup, avec une extrême violence. Il ne surmonterait pas un second face-à-face. Terrifié, il ramassa ses jambes et recroquevilla ses bras comme un enfant menacé. Cette peur n'échappa pas à la jeune femme, qui en parut troublée. Elle ne s'approcha pas davantage et dit simplement d'une voix douce :

— Vous ne devriez pas vous allonger le long de la coque. C'est très humide, vous allez avoir mal au dos.

Elle sourit avec bienveillance et s'éloigna rapidement, cette fois pour de bon. Guillaume resta essoufflé, prostré, incapable de retrouver son calme.

Le bateau dormait depuis déjà longtemps quand il trouva enfin le sommeil. Allongé sur la natte offerte par la jeune femme, après n'avoir fait que penser à elle, il ne fit plus qu'une chose, rêver d'elle.

Dans les jours qui suivirent, le *San Domino* réussit à maintenir sa vitesse et son cap. La fatigue du voyage commençait à peser sur tous. L'absence de la terre aussi. Le temps couvert, souvent accompagné de pluies parfois violentes, bouchait l'horizon.

Les journées se déroulaient toujours selon le même rituel. Richard, maintenant membre à part entière de l'équipage, avait aussi ses quarts. Pendant la nuit, on lui confia même la surveillance de la barre de gouvernail. Ses instructions étaient claires, si les lanières de cuir qui la maintenaient au cap venaient à lâcher dans un coup de vent, il devait immédiatement prévenir le capitaine.

Pendant les heures les plus tardives de la nuit, il était donc posté sur la dunette, ce qui lui laissait tout le temps de converser avec Guillaume. Les deux garçons attendaient ce rendez-vous secret avec impatience.

En huit jours, Guillaume n'avait jamais manqué une séance de coiffage de la belle étrangère. Elle occupait la majorité de ses songes, ce dont il avait honte sans pourtant parvenir à y changer quoi que ce soit... Richard, avec qui il en parlait chaque soir davantage, avait fini par prendre l'affaire au sérieux et s'amusait de voir son compagnon s'aventurer sur ce qu'il appelait les « terres amoureuses ». Bien que Guillaume s'en défendît avec la dernière énergie, il devait bien admettre que ses pensées n'étaient pas toujours conformes à ses vœux monastiques...

C'est au huitième jour que Guillaume apprit le nom de celle qu'il admirait tant. Ce fut pour lui une véritable révélation, mais au prix d'une incommensurable peur...

Sans aller jusqu'au sommet du grand mât, Richard s'essayait aux haubans en aidant à plier les voiles. Les vents étaient puissants et des bras supplémentaires étaient les bienvenus pour ces délicates opérations de rangement des immenses toiles. Guillaume se tenait en proue, observant son camarade et priant pour qu'il ne se rompe pas le cou. Accaparé par les acrobaties de son acolyte, il n'avait pas vu approcher la jeune femme.

— Je vous souhaite le bonjour, lui fit-elle de sa voix cristalline.

Surpris, Guillaume sursauta et faillit en perdre sa capuche. Il se retrancha tout au fond et fit un rapide signe de tête.

— Je me demandais si vous accepteriez de vous joindre à nous, continua-t-elle. Vous êtes seule, peut-être voudriez-vous partager nos repas et nos prières ?

Guillaume resta muet de terreur, détournant la tête pour ne pas risquer d'être vu. La jeune femme essaya bien de l'apercevoir, mais heureusement sans y parvenir.

— Je m'appelle Ayala, fit-elle.

Perplexe devant le mutisme de son « interlocutrice », elle regarda partout autour d'elle.

— Pourquoi donc avez-vous si peur ? s'enquit-elle d'une voix douce.

Elle sembla soucieuse un instant puis demanda :

— Vous êtes muette ?

Guillaume, voyant dans cette excuse une échappatoire à sa situation, s'empressa d'approuver de la tête.

Ayala lui sourit et dit :

— Je comprends mieux votre mutisme. Mais ce n'est pas grave. Ce soir, si vous le voulez, je viendrai vous voir juste avant de dormir.

À sa grande stupeur, Guillaume se vit faire un signe affirmatif de la tête. Ayala en parut tout heureuse. Elle lui saisit la main et la serra entre les siennes en signe d'amitié. Elle retourna ensuite vers les autres voyageuses.

Richard, qui du haut du mât avait assisté à la scène, avait la mine inquiète. Guillaume lui fit un signe discret pour le rassurer et se tourna vers le large. Les hautes vagues cernaient le navire de toutes parts. Les nuages sombres s'accumulaient devant le *San Domino*.

À la nuit tombée, Guillaume traîna longtemps sur le pont malgré la pluie et le vent. Il tardait à descendre de peur de ce qui allait se passer. Était-il plus effrayé par le risque d'être découvert ou par cet étonnant premier rendez-vous ? Lui-même l'ignorait.

Lorsqu'il écarta les draps de séparation, il vit Ayala assise avec ses compagnes. Comme si de rien n'était, il gagna sa place habituelle et s'assit.

Elle ne fut pas longue à venir le rejoindre.

— Nous ne vous avons pas attendue pour prier, fit-elle. Nous aurons d'autres occasions. Vous rendez-vous en Terre sainte ? demanda-t-elle directement.

Guillaume hocha la tête.

— Votre manteau est tout mouillé, ajouta-t-elle aussitôt. Vous devriez le retirer.

Joignant le geste à la parole, elle tendit la main pour l'aider.

Dans un réflexe, Guillaume se dégagea vivement et se recroquevilla de plus belle.

— Pardonnez-moi, dit Ayala, je ne voulais pas vous effrayer…

Ils restèrent quelques instants silencieux, la jeune femme ennuyée et Guillaume ne sachant quoi faire.

— La traversée se passe bien, reprit-elle sur un ton plus anodin.

Guillaume opina.

— Vous retrouvez quelqu'un à Smyrne ?

Il fit non de la tête.

— Vous êtes très courageuse pour vous aventurer seule dans un tel périple, j'admire votre foi.

Guillaume désigna le ciel d'un doigt dressé et fit un mouvement de tête approximatif.

— Dieu vous guide.

Il acquiesça.

Cette conversation irréelle se poursuivit jusque tard dans la nuit. Elle parlait, il réagissait d'un oui ou d'un non de la tête. Tapi au fond de sa capuche comme un fauve dans sa tanière, il épiait chacun de ses gestes, chacun de ses regards. Elle ne voyait rien de lui, sinon peut-être parfois le reflet de la lampe dans ses yeux cachés dans les replis du manteau.

Guillaume éprouvait de la peur et pourtant il aurait voulu que cette conversation ne s'achève jamais. Ayala lui posait des questions mais parlait aussi d'elle. Avec ses sœurs et une amie, elle allait en Orient retrouver leurs parents, négociants en tissus. Elle prenait le bateau pour la première fois. Dieu qu'elle était belle, nimbée de cette lumière, dans cette chemise de coton...

— Le capitaine dit que nous arriverons dans deux jours. Il me tarde d'y être.

Le jeune homme approuva une fois encore.

Lorsqu'elle décida d'aller se reposer, il en avait appris beaucoup sur elle. C'est lui qui, cette fois-ci, lui saisit la main en signe d'amitié.

Autour d'eux, tous dormaient. Ils étaient seuls, perdus au milieu de cette immensité marine.

Ils ne se reposèrent pas longtemps. En s'endormant, pourtant, Guillaume s'était cru en sécurité. Il avait oublié quelque chose…

10

— Je ne sais pas si la coque résistera longtemps...

Malgré les hurlements du vent et le fracas des vagues contre les flancs du bateau, Richard avait parfaitement entendu la remarque sinistre du capitaine.

Dans la nuit battue par les bourrasques, le maître et les plus solides de ses hommes se cramponnaient de toutes leurs forces sur le pont arrière, près de la barre. La mer faisait littéralement danser le *San Domino*, l'élevant comme un bouchon au gré des crêtes immenses qui barraient sa voie. Lorsque l'embarcation retombait, les hommes sentaient le bateau se dérober sous leurs pieds, et tout ce qui n'était pas solidement amarré volait en tous sens. Richard enlaçait le mât d'artimon à pleins bras. Ses mains glissaient sans cesse sur le bois détrempé. Son visage ruisselait d'embruns. Les débris d'un tonneau disloqué glissèrent sur le pont arrière. Le raclement des cerclages de fer fit un bruit étrange, plaintif.

L'homme de barre s'était encordé à la rambarde et pesait de tout son poids pour tenter de préserver le cap, mais la mer faisait ce qu'elle voulait du gouvernail et le pauvre bougre était traîné de gauche et de droite sans rien contrôler.

Le maître scrutait son vaisseau pris dans la tourmente ; il s'était fait surprendre, mais qui aurait pu prédire une tempête aussi brutale ? Lui qui avait sillonné ces mers près de cent fois n'avait jamais été témoin d'un tel déchaînement. Dieu merci, il n'y avait pas d'orage, seulement une pluie battante projetée par un vent de tornade. La rangée de tonneaux d'eau potable alignés le long de la dunette l'inquiétait particulièrement. Si par malheur la tempête les arrachait ou les polluait, si paradoxal que cela paraisse sur cette immensité aquatique, c'est bien de soif que lui, ses hommes et ses passagers mourraient...

Peu de temps après le coucher, durant le premier quart, il avait fait descendre la vigie par crainte du vent forcissant. La mer s'était levée en moins de deux heures. Les voiles avaient été abattues, les écoutilles bloquées et les cordages souqués. Les passagers, terrifiés, étaient cantonnés au pont inférieur avec interdiction formelle d'en sortir, sous peine d'être balayés du pont par une lame et précipités dans les flots, perdus à jamais.

L'eau salée était partout, débordant les bastingages, suintant dans les cales, s'abattant en masses titanesques sur le pont principal, recouvrant presque entièrement le navire d'un dôme liquide lorsqu'elle n'explosait pas sur les flancs ou la proue.

La partie droite de la vergue du grand mât avait déjà cédé, elle pendait lamentablement, sa pointe raclant le pont. Personne n'avait rien entendu, il avait fallu un rayon de lune entre les nuages de pluie pour que les hommes découvrent cette première avarie sérieuse. Tel un fantôme, la longue forme se balançait, entraînant dans son mouvement un lambeau de la grand-voile.

Jamais Richard n'avait été le témoin d'un déchaînement de forces aussi puissantes. Une armée d'infidèles hurlants lui aurait paru moins féroce et surtout moins acharnée. Le mât avant souffrait sous les assauts conjugués des vagues et du vent. Aucune lampe ne résistait aux paquets d'eau. Les hommes en étaient réduits à attendre un rayon de lune pour se rendre compte de quelque chose.

Aux mugissements des bourrasques, renforcés par le grondement des vagues, se mêlaient les sinistres craquements du bateau. Parcourant le navire dans toute sa longueur, résonnant jusqu'aux plus infimes recoins, ils disaient sa souffrance, ils disaient sa faiblesse. Cet enfer pouvait durer des jours ou s'arrêter dans l'heure. Personne ne savait, il fallait affronter, subir et tenir…

Sur le pont des passagers régnait une indescriptible cohue. La séparation entre les femmes et les hommes avait disparu, la houle avait rendu malade presque tout le monde et une odeur pestilentielle emplissait l'air saturé d'humidité. Les rames échappées de leur logement glissaient sur le sol d'un bord à l'autre, fauchant sur leur passage ballots et pèlerins qui s'affalaient les uns sur les autres en beuglant. Chacun avait donné des vêtements pour colmater les écoutilles par lesquelles l'eau parvenait tout de même à s'infiltrer. Les vagues qui s'abattaient sur les flancs secouaient la coque comme une main géante l'aurait fait avec une vulgaire boîte pleine d'insectes. Lorsque le bateau était frappé de part et d'autre, en étau, les structures se déformaient sous l'effort et il s'en fallait chaque fois de peu que tous ne périssent écrasés dans ce gigantesque casse-noix.

— Je me plaindrai à l'armateur ! hurla un riche marchand cramponné à son sac.

— Si nous en sortons vivants et son bateau entier, il sera même heureux de vous entendre ! lui répliqua un des hommes d'équipage.

Un homme plus jeune roulait sur lui-même en suffoquant. Comme une bille, il sillonnait le pont, heurtant la base du mât de misaine et glissant sur les flaques de vomi. Un instant, il parvint à retrouver l'équilibre et lança :

— Et des flots surgiront les monstres qui réduiront votre monde à néant. Voici venue la fin du monde...

Il avait les yeux exorbités, il tendait les mains tel un mage en proférant ses élucubrations à la ronde.

— ... Les démons s'élèveront bientôt des flots en furie et nous tueront tous, seuls les saints survivront et...

Un à-coup le projeta contre la coque et le fit taire momentanément.

Ayala et ses compagnes se tenaient fermement par les bras autour de la base du mât d'artimon. Elles priaient.

Deux d'entre elles pleuraient et entrecoupaient leurs litanies de paroles incompréhensibles. Ayala les arrêtait aussitôt d'une voix ferme qui couvrait le vacarme.

Guillaume était ramassé dans son recoin, luttant de toutes ses forces contre les nausées. Tout était sa faute. Ses pensées impures envers Ayala avaient attiré la colère de Dieu sur le *San Domino*. Il était mortifié de honte et de regret. Tous risquaient la mort parce qu'il avait osé des sentiments interdits et contraires à son engagement. Il aurait voulu se confesser, mais ne le pouvait pas. Il pria pour que la vengeance du Tout-Puissant ne détruise que lui. Malgré sa repentance, quelque chose le terrifiait encore davantage que sa faute : il ne parvenait pas à renier cet insolent sentiment pour la jeune femme. Conscient de son sacrilège, il n'arrivait pas à en détacher son esprit. Elle était là devant lui, fière alors que tous tremblaient, belle alors que tout inspirait le dégoût. Une fois encore, Guillaume fit tout ce qui était en son pouvoir pour la chasser de ses pensées mais n'y parvint pas. La tempête ne retombait pas, bien au contraire. Dieu le châtiait de ses bravades. Par sa faute, des innocents encouraient le purgatoire. À ses yeux, Ayala le valait bien…

Un craquement sourd couvrit les grondements de la mer et du vent, le *San Domino* vibra tout entier. Chacun dans la cale retint son souffle en regardant au-dessus de lui. Le mât de misaine s'abattit de tout son long, arrachant dans sa chute une partie de son pied.

Le choc fut terrible. Les passagers de l'avant virent d'abord le trou dans le plafond s'ouvrir sur le ciel avant de ressentir la secousse. Le mât entama la coque à tribord, déchiquetant le bastingage et fendant les boiseries jusque sous le niveau des plafonds. La brèche était visible sur une bonne trentaine de centimètres et l'eau s'y engouffrait à chaque vague. Un négociant se précipita en retirant son manteau et s'arc-bouta pour tenter de colmater mais l'ouverture était située trop haut. La trappe qui menait au pont extérieur s'ouvrit dans un battement sec, laissant entrer pluie et embruns. Le maître, suivi par un militaire et Richard, dévala l'échelle.

— Voie d'eau ! hurla le capitaine. Je veux tous les hommes valides à la réparation de fortune !

Puis se retournant vers Richard, il déclara :

— Tu m'as l'air assez costaud pour ça. Occupe-t'en pendant que j'assure le mât là-haut.

Richard acquiesça.

— Fais-le bien, reprit le capitaine, parce que si cette fissure progresse encore de seulement trois coudées, cette maudite tempête nous enverra tous par le fond...

Richard passa la main sur son visage trempé et lança :

— Vous avez entendu le maître ? Trois hommes avec moi !

Guillaume se leva d'un bond et se dirigea vers Richard. Ayala ne priait plus et ses compagnes pleuraient toutes. Elles ceinturaient toujours le pied du mât d'artimon.

L'une d'elles parlait dans un patois inconnu, martelant le bois avec le front.

Richard repoussa Guillaume d'un geste doux mais ferme.

— Retournez au fond, « mademoiselle », vous risquez de vous blesser.

Guillaume réalisa soudain quelle erreur il venait de commettre et regagna sa place en titubant.

Ayala ne l'avait pas quitté des yeux.

Richard se démenait pour trouver de quoi colmater. Il décida d'éclater une caisse de poisson salé pour en récupérer les lattes. Il demanda des clous et un marteau. Sur ses indications, les hommes placèrent des bouchons de tissu afin d'empêcher les paquets d'eau d'entrer. Lorsqu'il revint avec son bois et ses pointes, il commença aussitôt à mettre une latte en place.

— Ça ne tiendra jamais, lui dit un vieux marin. À la première vague, tes planches seront poussées à l'intérieur et tes pauvres clous n'empêcheront rien.

— Alors comment doit-on faire ? demanda Richard.

— Il faut les placer à l'extérieur…

Richard blêmit. Daniel, qui avait suivi la scène, s'approcha et dit :

— Il a raison, la pression des vagues plaquera la réparation, alors que si nous la posons à l'intérieur, elle l'arrachera.

— Vous avez vu la tempête ? C'est impossible.

— C'est notre seule chance…

Le vieil homme protégeait la chandelle en faisant écran de son corps. Daniel fit passer la corde autour de sa taille et la prit à pleines mains.

— Elle est très humide, ça va glisser un peu.

Richard s'était harnaché tant bien que mal à l'autre extrémité. Il enfila la besace remplie de planches et de pointes. Il saisit le marteau et regarda autour de lui. Ses trois compagnons d'équipage le dévisageaient avec un mélange d'admiration et de pitié. Le pont était sombre et la tempête faisait rage. Chacune des vagues qui parvenait à dominer le bateau les trempait jusqu'aux os. Le capitaine était venu lui souhaiter bonne chance, mais le seul qu'il aurait vraiment été heureux de voir était dans la cale et son déguisement l'empêchait d'en sortir. Avec Guillaume à l'autre bout de la corde, Richard aurait eu moins peur. Il enjamba le bastingage.

— Ne me lâche pas, fit-il à Daniel.

— Pas avant que tu n'aies tout réparé, je te le promets, lui répondit le matelot avec un clin d'œil.

Le vent rendait la manœuvre périlleuse. Richard n'avait pas encore commencé à descendre que déjà une vague le malmena. Il se laissa glisser lentement. Son pied rencontra la brèche. Le vent le déséquilibra encore. Il se balança au bout de la corde, comme un jouet pris dans un tourbillon. Une vague le plaqua à nouveau. Il se retrouva le visage collé contre la coque, submergé par l'eau glacée. Il hoqueta avant de reprendre sa descente.

Ce fut enfin au tour de sa main de trouver la brèche. Il se laissa encore descendre, ses pieds touchaient les flots. Les vagues remontaient jusqu'à sa ceinture et les plus virulentes l'engloutissaient complètement. Il se souvint à cet instant qu'il ne savait pas nager. Enfin, il arriva à pied d'œuvre. Par la brèche aux bords déchiquetés, il entrevit la douce lueur des lampes qui éclairaient le pont des passagers. Par bouffées, il sentait la chaleur s'échappant du navire. À seulement une coudée de distance, les autres le regardaient, ahuris. Entre deux marchands, il remarqua aussitôt la silhouette sombre encapuchonnée qui le fixait, immobile. Guillaume avait pris le risque de sortir de la pénombre pour venir le soutenir. Cette apparition lui redonna du courage. D'un geste lent et discret, Guillaume le salua et serra le poing en signe d'encouragement.

Richard attrapa une latte et commença sa besogne. Il la mit en place et la fixa d'un premier clou. Les mouvements intempestifs du bateau compliquaient l'ouvrage. Méthodiquement, il partit du bas et, planchette après planchette, réduisit la brèche. Pour Richard, chaque latte posée était une victoire sur les éléments et sur lui-même. Il était épuisé. Ses doigts étaient paralysés par le froid et l'effort ; il claquait des dents, frigorifié. Plus le temps passait, plus les coups de marteau atterrissaient souvent sur ses phalanges ensanglantées.

Avec acharnement, il termina le colmatage. Il souffla et se jeta à l'assaut de la coque. Lentement, il remonta jusqu'au pont. Revoir Daniel lui procura un réel soulagement. Le matelot grimaçait, les muscles bandés.

— Nous avons cru t'avoir perdu, lui dit celui-ci entre ses dents serrées sous l'effort.

Richard se laissa tomber sur le plancher en se tordant les doigts de douleur. Le capitaine se pencha vers lui et lui posa la main sur l'épaule.

— Mon garçon, il y a vingt ans que je navigue et je n'en ai pas croisé beaucoup qui auraient eu ton cran. Tu nous as peut-être sauvés.

Richard releva le visage et dévisagea le maître.

— Il pèse son poids, l'animal, renchérit Daniel en éclatant d'un rire joyeux.

Richard fut accueilli en bas par une clameur admirative. Il s'assit sur la dernière marche de l'échelle et contempla ses mains.

D'une voix cassée, il demanda :

— Quelqu'un saurait-il faire un pansement ?

Aussitôt, l'ombre qui ne quittait jamais sa capuche et se tenait tapie au fond s'élança, bientôt suivie d'Ayala. L'homme au regard dément vint se placer juste sous le nez de Richard.

— En vérité je vous le dis, la malédiction est sur nous, fit l'homme, bientôt chassé par un énergique coup de pied du marchand qui voulait se plaindre à l'armateur.

— C'est toi la malédiction, pauvre fou ! maugréa l'imposant bonhomme.

Puis, avec un regard bienveillant à l'intention de Richard, il déchira lui-même une de ses tuniques pour en faire des bandages.

La tempête n'était pas calmée et le danger encore grand mais pourtant, à cet instant, Richard ressentit une sorte de bonheur, un bien-être incongru. Guillaume saisit les bandes de tissu et s'en servit pour nettoyer les plaies. Ayala, voyant sa « consœur » si douée, se contenta de regarder.

Guillaume prenait bien garde à ne pas trop sortir ses mains de ses manches. La largeur de ses paumes et la pilosité auraient pu le trahir.

Il retira une bonne demi-douzaine d'échardes des chairs de son ami et enroula autour des doigts les plus abîmés des bandelettes bien ajustées. Il entraîna ensuite Richard dans un coin afin qu'il s'étende et se repose. Une fois à l'écart des autres, Richard murmura :

— Dis-moi, ta belle étrangère et toi, vous ne vous quittez plus ?

Guillaume se renfrogna.

— Eh bien, quoi, insista Richard, j'ai dit quelque chose de mal ?

— Je ne veux plus la voir, je ne veux plus y penser, déclara Guillaume d'une voix blanche. Si elle ne m'occupait pas l'esprit, le Très-Haut ne nous aurait pas punis de cette effroyable tempête…

Richard, abasourdi, se releva légèrement et s'appuya sur un coude.

— Tu crois que tout ceci arrive parce que tu as posé les yeux sur cette femme ?

— Je n'ai pas fait que la regarder...

— Oh, oh ! ironisa Richard. Tu n'as pas fait que la regarder... Et qu'as-tu fait d'autre à cette jeune beauté, « mademoiselle » ?

— Ne te moque pas, elle est si... elle est si...

— Et tu es tellement amoureux ! Cela ne fera pas de toi un grand moine, mais tu vas finir par devenir un vrai homme !

Richard se laissa retomber en pouffant. Guillaume avait la mine déconfite.

— En plus, elle me croit muette.

Richard faillit s'étouffer. Cette fois, les deux amis s'esclaffèrent ensemble discrètement. À cet instant, la tempête, le bateau qui valsait toujours et la puanteur ne les concernaient plus. Pour le moment...

11

Les marins ont coutume de dire qu'après une tempête le silence de la mer est assourdissant. Le *San Domino* voguait au hasard des courants, sa barre oscillait en tous sens, sans personne pour la diriger. Les vergues brisées et les voiles déchirées lui donnaient des allures de vaisseau fantôme. Le pont déserté avait repris ses craquements familiers.

Les vagues caressaient la coque après l'avoir éreintée. Les tonneaux disloqués, les cordes pendantes et le mât couché témoignaient tous de l'épouvantable nuit.

Les premiers rayons du jour avaient trouvé le bateau ainsi, livré à lui-même. L'équipage et les passagers s'étaient barricadés dans la cale, le capitaine avait dit « À la grâce de Dieu » et tous étaient tombés d'épuisement les uns après les autres. La tempête avait cessé sans que personne s'en rende compte, sans qu'aucun se réveille. Ils étaient allongés, entassés les uns contre les autres, endormis dans la sérénité de ceux qui n'ont plus rien à perdre.

Dans le soleil, la trappe de pont s'ouvrit et l'homme aux yeux exorbités apparut. Il se hissa sur le plancher déjà sec et ouvrit les bras en grand.

— Alléluia, hurla-t-il, déchirant le silence. Nous voici enfin au paradis. Gloire à Toi, Seigneur, Tu as reconnu les tiens et dans Ta grandeur Tu m'as choisi...

Il ne termina pas sa phrase et s'effondra sous le coup de planche que venait de lui administrer le maître.

— Silence. Dieu n'a pas souhaité nous détruire et je ne veux plus que tu nous pourrisses la vie, sombre idiot.

Le capitaine inspecta le pont d'un œil noir. Peu à peu, ses hommes sortirent de la cale et commencèrent à arpenter le navire. Le maître ordonna qu'on dresse l'état des avaries, des blessés et des malades. Par chance, on ne déplorait aucune perte humaine.

— Les voiles ont souffert, il va nous falloir au moins une journée de couture avant de pouvoir reprendre notre progression, annonça le capitaine. Nous ne savons d'ailleurs pas exactement où nous sommes, il faudra attendre le couchant pour nous situer avec précision.

— Il ne reste que deux barriques d'eau douce, déclara Daniel. Et tout le monde a soif. Nous ne tiendrons pas des jours...

Le capitaine confia la distribution à Richard, pas plus d'une louche par personne et par demi-journée tant que l'on n'aurait pas évalué la route à faire.

La tempête avait eu un effet surprenant sur les occupants du *San Domino*. Après cette nuit de combats partagés, on ne distinguait plus les hommes d'équipage des passagers. Tous arboraient la même mine défaite, les mêmes vêtements sales en lambeaux. Tout le monde, sans distinction de rang, s'activait à effacer le chaos de la nuit. Les femmes se virent confier la réparation des voiles, les hommes d'équipage reformèrent les cordages et les autres rafistolèrent les parties endommagées comme les rambardes ou les échelles. Jamais le capitaine n'avait vu son bateau dans un tel état de délabrement. Il n'était même pas certain de pouvoir charger la lourde cargaison qui l'attendait à Smyrne.

Mais ces craintes ne pesaient rien face à celles qui l'avaient assailli pendant la nuit. Un homme d'expérience ne confond pas la mort et la ruine…

Guillaume cousait, assis sur un banc de fortune à l'avant du navire entre Ayala et une de ses accompagnatrices. Il essayait de s'appliquer mais le résultat était loin d'être probant. Il faut dire aussi qu'il passait le plus clair de son temps à regarder du coin de l'œil les gracieuses mains d'Ayala s'affairer sur la lourde étoffe. Son inattention lui avait valu de se piquer sévèrement les doigts avec la grosse aiguille, mais il ne s'en souciait pas. La jeune femme était tête nue, à peine décoiffée malgré les épreuves. Guillaume la trouvait magnifique dans le contre-jour, son profil superbement éclairé par ce soleil qu'il avait cru ne plus revoir. Du fond de sa capuche, il dévorait des yeux cette image parfaite, cette pure beauté sur fond d'azur. Guillaume était la seule « femme » à ne pas avoir retiré sa capuche, Ayala s'était même demandé si sous ce manteau ne se cachait pas quelque monstrueuse infirmité…

Richard se portait à merveille et jouissait de sa célébrité toute neuve. Chacun s'adressait à lui avec la même déférence qu'au maître. Ceux qui, hier encore, le toisaient et l'exploitaient se précipitaient pour l'aider. Que le jeune homme plastronnait c'était peu dire. Il y avait dans sa démarche une fierté que même Guillaume ne lui avait jamais vue. Il avançait le torse bombé, le menton haut et le regard clair ; à l'entendre, il n'avait même pas éprouvé de peur durant la tempête…

La journée s'étira sous un soleil insolent. Chacun lorgnait sur les tonneaux d'eau douce, à tel point que le capitaine plaça l'écrivain du bord en faction pour couper court aux tentations. L'un des marchands proposa de l'argent pour avoir double ration mais le maître refusa vertement avec une moue de mépris.

— La vie ne s'achète pas, monsieur, vous en aurez autant mais pas plus que les autres, rétorqua-t-il. Sur mon bateau, vous ne valez pas plus que les autres, pas moins non plus. Si ça ne vous plaît pas, sautez à l'eau et nagez vers la rive.

L'homme n'y revint pas.

Le repas du soir prit les apparences d'une fête tant le calme était appréciable. Le capitaine fit même allumer plus de chandelles que nécessaire et autorisa ses hommes à chanter devant les passagers. Seuls les plus chastes des chants furent permis, c'est-à-dire deux. Ils en connaissaient pourtant assez pour tenir trois nuits, mais il y avait les dames… Un tonnelet de rhum qui avait résisté à la tempête ne survécut pas à cette mémorable soirée. Entre les rires et les discours des hommes qui se racontaient la tempête comme si celui d'en face ne l'avait pas connue, le poisson sec, le quignon de pain et la louche d'eau firent l'effet d'un banquet. Chacun magnifiait déjà les événements de la veille et même les derniers des poltrons se décrivaient en héros. Ayala les écoutait, attendrie sans être dupe.

Pour tenter de compenser le retard, et ne pas risquer d'épuiser les réserves d'eau, le capitaine décida de donner de la voile même pendant la nuit. Les hommes de quart furent doublés ainsi que le poste de barre. Au vu des dernières estimations, le *San Domino* n'avait dérivé que de quelques lieues vers le nord et d'autant vers l'ouest. La route n'était pas perdue, et malgré les avaries, le retard était assez raisonnable.

La nuit passa dans le calme. Les lavages successifs du plancher n'avaient pas complètement effacé les odeurs nauséabondes. Chacun rassemblait ses affaires retrouvées en plus ou moins bon état. La vie reprenait son cours. Les toiles tendues qui, à l'origine, séparaient les quartiers des hommes de ceux des femmes avaient été réquisitionnées pour rapiécer les voiles. Le pont des passagers n'était plus qu'un immense dortoir.

Après avoir longuement prié pour remercier Dieu d'avoir épargné le *San Domino*, Ayala se fit coiffer. Tous les hommes épiaient la scène sans en perdre une miette. Il y avait ceux qui faisaient semblant de dormir, celui qui avait la tête dans ses mains et regardait entre ses doigts. Il y en avait même un qui ronflait alors que son œil droit était ouvert et brillait…

Guillaume bouillait de rage. Comment ces malotrus se permettaient-ils ? Les compagnes de la jeune femme ne suffisaient pas à faire écran et tous en profitaient. Comment ces rustres pouvaient-ils se croire autorisés ? Le jeune homme aurait voulu protester, les obliger à détourner leur regard, mais c'était impossible. Ce qu'il supportait moins que tout, c'était d'avoir à partager ce magnifique spectacle, son spectacle.

Le lendemain, la première ration d'eau venait d'être servie lorsque la vigie cria : « Terre en vue, droit devant ! »

— Si le vent se maintient, nous serons au port de Smyrne demain à l'aube, lança le capitaine à la cantonade.

Une clameur de satisfaction parcourut le navire.

Ayala se tenait à la proue et contemplait l'horizon. Guillaume l'observait. L'idée d'arriver lui déplaisait, il savait que pour lui la fin de la traversée signifierait la fin de la compagnie d'Ayala. Elle partirait de son côté et lui du sien. Il espérait secrètement pouvoir lui avouer son imposture et obtenir son pardon, peut-être même plus…

Richard se dressait près de la barre. Il prenait son rôle de second honoraire très au sérieux. Il s'appliquait à maintenir le *San Domino* loin des récifs. Finalement, songea-t-il, Guillaume avait réussi son impossible pari. Crier victoire était pourtant prématuré… Richard apercevait son compagnon à l'autre extrémité du pont, jamais très loin de cette jolie jeune femme.

Daniel et trois matelots s'efforçaient de rafistoler une vergue sur le mât principal. La grande pièce de bois oscillait au gré du tangage, maintenue par des cordages en attendant que son attache de pivot soit recerclée.

Ayala se détourna de la proue et remonta vers la bouche de pont. Au moment où elle passait au pied du mât, le bateau roula et une corde glissa. Aucun des hommes n'eut le temps de retenir la vergue, d'ailleurs personne n'en aurait eu la force. Daniel hurla : la pièce de bois s'était décrochée et s'abattait en direction de la jeune femme.

Dans un élan réflexe, Guillaume se précipita, saisit Ayala à bras-le-corps et se projeta hors de la trajectoire avec elle. Le tronc s'écrasa sur le pont, à quelques pas de leurs deux corps qui roulaient encore. Le choc fit trembler tout le *San Domino*.

Au fur et à mesure que chacun reprenait ses esprits, tous les regards convergeaient vers Guillaume. Sa capuche avait glissé.

Essoufflé par la soudaineté de l'effort, il se releva et, d'un geste déterminé et ample, ôta son manteau. Il en rêvait depuis des jours. En se défaisant de l'étoffe, il se défaisait de son mensonge. Ayala, sous le choc, le dévisageait. Dans ses yeux, l'incrédulité laissait peu à peu la place à la colère. Guillaume posa un genou en terre et baissa la tête pour demander pardon.

— Je n'ai menti que pour me protéger, déclara-t-il. Je n'ai laissé la vérité éclater que pour vous sauver.

La jeune femme le condamna du regard puis se releva et s'enfuit vers la cale. Le jeune homme resta ainsi un long moment, agenouillé, immobile, sanglotant, brisé de chagrin et de honte.

12

Les formalités d'accès au port furent inhabituellement simples. Lorsque la chaloupe des gardes accosta le *San Domino*, le lamentable état du bateau et de ses passagers fit tellement pitié au sergent qu'il ne se montra pas tatillon. Il avait fallu toute la persuasion de Richard et le poids de sa nouvelle popularité à bord pour que Guillaume ne soit pas jeté aux fers. En reconnaissance des services rendus, le capitaine avait accepté de tolérer le clandestin et de n'en rien dire aux autorités.

Le navire franchit enfin l'entrée du bassin de Smyrne, passant entre les deux tours fortifiées, du haut desquelles des archers suspicieux surveillaient les faits et gestes de l'équipage. La place était petite mais ses fortifications spectaculaires. À mesure que le bateau glissait sur le flot étale pour venir se ranger le long du quai, Richard découvrait les constructions massives qui encadraient la rade. Au sommet du plus grand bâtiment flottait la bannière des croisés. Ici, pas de palais ni de luxueux comptoirs comme à Venise, mais des murailles grises et hautes, percées de meurtrières et hérissées de tours de guet. Malgré l'occupation chrétienne de la région et l'importance des garnisons stationnées, la menace arabe était prise très au sérieux. Smyrne posait un double problème : port marchand et militaire, il cumulait les motifs d'attaque. Il fallait protéger l'endroit des brigands et des fanatiques.

À bord, chacun avait rassemblé ses affaires ou ce qu'il en restait. La cale des pèlerins était déserte, seulement jonchée de débris de toutes sortes. Tout le monde était sur le pont. Profitant du soleil radieux du début de matinée, chacun s'était installé aussi confortablement que possible et attendait de pouvoir débarquer. Beaucoup accostaient ici pour la première fois et la forteresse portuaire constituait leur première vision de l'Orient.

Aux rambardes, chacun y allait de son commentaire, de son exclamation devant tant de puissance. Il est vrai qu'à en juger par le peu qu'ils voyaient, les passagers du *San Domino* ne pouvaient pas douter de l'éclatante supériorité militaire des croisés…

À la vue de ces fortifications, Richard songea au château de son père. Il en éprouva une soudaine mélancolie et se dit que, malgré le soleil et le bleu de la mer, Smyrne lui paraissait bien terne et bien austère.

Guillaume restait, depuis l'accident qui l'avait trahi, prostré à la proue du navire, le regard perdu droit devant lui. Ayala, dignement dressée dans la brise légère, se tenait à l'autre extrémité, entourée de ses suivantes. Ils ne s'étaient pas même regardés.

Les amarres furent jetées et, lentement, le navire, tiré par des manœuvres, vint se ranger en les cognant sourdement le long des piliers du quai, dans une ultime secousse. Richard et Daniel abaissèrent la passerelle. Les adieux furent brefs. Chacun des passagers passa devant le capitaine et l'équipage, portant ses ballots. Richard aida les plus lourdement chargés, les autres marins aidèrent les plus fortunés.

Sur le quai, pas de foule chamarrée et peu de civils ; surtout des militaires en armes, des cortèges de prisonniers enchaînés transportant au rythme des claquements du fouet des barriques et des paquets.

Un à un, pèlerins et négociants quittèrent le bord, foulant la terre pour la première fois depuis des jours, assaillis par des porteurs qui, contre quelques pièces, les escorteraient jusqu'au poste de garde et à travers la ville qui s'étendait au-delà de la forteresse.

Lorsque, dans les derniers, Ayala se présenta à la passerelle, elle n'eut qu'un regard indifférent pour Richard. D'une voix aussi polie que distante, le jeune homme lui glissa :

— Adieu, mademoiselle.

Elle ne répondit pas. Puis, pour lui-même, Richard ajouta :

— Ce pauvre Guillaume ne vous oubliera jamais, moi si...

La matinée était douce, le vent léger. Le soleil n'était pas encore à son zénith et sa chaleur loin d'être accablante pour le moment. Les mouettes hurlaient. Ayala disparut au milieu des empilements de marchandises en partance.

Quand il ne resta plus sur le pont que le capitaine et ses hommes d'équipage, Richard s'approcha du maître et lui demanda :

— Qu'allez-vous devenir ?

— Le représentant de l'armateur ne devrait pas tarder. Ici les nouvelles vont vite. Il décidera des réparations à faire et nous repartirons peut-être dans quelques jours.

Le capitaine soupira avant d'ajouter :

— Dommage que tu aies signé avec les armées royales, nous aurions pu te garder.

Richard s'inclina et, sur le ton de la confidence, répondit :

— Je suis touché de l'offre, mais je n'aurais pas pu rester de toute façon. J'espère que l'armée ne compte pas trop sur moi...

— Tu vas déserter ? fit le maître à voix basse.

Richard hocha la tête.

— Tu es fou, mon pauvre ami. Que veux-tu faire seul dans ces contrées ?

— Ce que je dois. C'est-à-dire d'abord aider mon compagnon, fit-il en désignant Guillaume toujours seul à la proue.

L'homme lui tendit une main franche en disant :

— Tu es un garçon bien étrange mais je te crois honnête. Bonne chance à toi et à ton ami. Peut-être un jour nos destins se recroiseront-ils...

— Dieu vous garde et merci de m'oublier quand le sergent recruteur viendra me chercher !

— Nous pourrions lui dire que la tempête t'a emporté... murmura le capitaine avec un clin d'œil.

Richard saisit sa main tendue et la serra longuement.

— Merci, dit-il avant de s'éloigner.

La garde du port laissa sortir les deux garçons de la forteresse sans même les arrêter. Mal habillés, sans aucun bagage, il ne pouvait s'agir que de marins qui reviendraient au petit matin. D'ailleurs, à voir la façon dont marchait le plus petit, il y avait fort à parier qu'il ferait halte dans la première taverne venue pour continuer ce qu'il avait déjà bien entamé...

— Je n'arrive pas à y croire, grommela Richard. Tu sens l'alcool à dix pas. Ivre comme un vaurien. Voler le reste du rhum pour te saouler, tu n'as pas honte ? Le père abbé serait fier de te voir ainsi !

— Il est loin, le père abbé, articula Guillaume avec difficulté. Et Ayala aussi...

Les larmes lui montèrent aux yeux.

— Ah non ! s'exclama Richard en le soutenant avant qu'il ne s'écroule. Tu ne vas pas recommencer !

Guillaume s'affala dans les bras de son ami en reniflant bruyamment. Autour d'eux, les passants leur jetaient des regards chargés de reproches. Même aussi près d'une garnison militaire, les ivrognes n'étaient pas tolérés avant la nuit tombée.

La ville s'étendait à perte de vue, alternant dans un inextricable labyrinthe de petites ruelles les constructions de terre blanchies ou teintées d'ocre avec des amoncellements de cabanons de fortune. La cité s'était développée au fil des siècles, subissant invasions et conquêtes sans parvenir à se structurer. La vie grouillait dans chacun des recoins ; partout on trouvait à vendre, à troquer. Les épices embaumaient l'air et des écheveaux de laine multicolores pendaient çà et là sur des potences de bois. La foule bruyante s'activait, les uns interpellant, les autres négociant. Dans un incroyable brassage, des centaines d'individus de tous âges, de toutes origines, évoluaient en un ballet étrange et pourtant harmonieux. Les croisés, reconnaissables à leur cotte de mailles et à leur épée, se déplaçaient en petits groupes. Les hommes de la région, eux, avaient le teint hâlé, arboraient souvent une barbe longue et fine et parlaient une langue chantante. Les femmes, cernées de bambins aux grands yeux noirs qui chahutaient, portaient de lourds paniers, le visage dissimulé derrière des voiles aux couleurs étonnantes. Des ânes gris au regard doux, visiblement habitués à cette tumultueuse ambiance, tiraient leur fardeau sur des charrettes rafistolées.

Richard avançait droit devant lui, l'air soucieux, progressant dans la cité au hasard des ruelles, en soutenant Guillaume qui n'en finissait pas de hoqueter entre deux sanglots.

— Où devons-nous aller, comment faire ? se demandait à voix haute le jeune chevalier.

Guillaume ne répondait pas, accablé par ses tourments. Richard commençait à s'inquiéter du fait qu'autour de lui de moins en moins de personnes parlaient sa langue. Il ne comprenait plus les badauds.

— Pour l'amour du ciel, Guillaume, aide-moi. Tu es censé nous guider. Je ne comprends rien, nous sommes perdus...

— Je m'en fiche. Plus rien n'a d'importance... fit l'autre d'une voix plaintive.

Richard sentit soudain la colère monter en lui. Il jeta un coup d'œil alentour et repéra une ruelle déserte. Il y traîna littéralement son compagnon sous le regard interloqué des passants. Il le colla au mur en le tenant par ce qui lui restait de col et dit :

— Écoute-moi bien, Guillaume, nous avons une mission, nous devons retrouver le Sceau. Il faut chercher, je ne sais pas comment, mais nous n'avons pas fait tout ce chemin et survécu à cette satanée tempête pour renoncer maintenant.

— Calme-toi, Montbard, lui rétorqua le jeune moine sur un ton aussi hautain qu'aviné. Tout doux, mon beau, nous ne sommes plus sur le bateau, tu n'es plus le héros de personne.

Richard le lâcha et se prit la tête dans les mains. Guillaume glissa le long du mur pour finir assis sur le sol poussiéreux. Richard explosa :

— Tout ça pour cette fille de rien qui t'a tourné la tête !

Guillaume se releva aussi vite qu'il le pouvait dans son état et rétorqua :

— Au moins, elle ne me coûte que du chagrin, parce que toi, tes traînées, elles nous ont pris toute notre fortune. Si Monsieur ne s'était pas amouraché à Venise, nous n'en serions pas là.

Personne n'aurait pu dire lequel des deux s'était jeté sur l'autre en premier, mais ce qui est sûr, c'est que l'attroupement qu'ils provoquèrent aux extrémités de la ruelle était spectaculaire. La foule suivait leur affrontement comme on va au spectacle, à grand renfort de « oh ! » et de « ah ! ».

Guillaume, malgré son ivresse et sa force inférieure, faisait preuve d'une belle vivacité. Richard avait des rugissements de colère entre deux charges, et quand Guillaume n'esquivait pas, il le précipitait à terre en se laissant tomber de tout son poids sur lui. Les deux jeunes hommes se battirent jusqu'à ne plus avoir de force. En se heurtant à l'autre, Richard évacuait ses peurs des derniers jours et Guillaume expiait ses égarements. Sur la fin, leurs gestes étaient ralentis et faibles, leurs cris dérisoires. Richard était à genoux et Guillaume affalé. Le jeune chevalier administra une petite claque à son adversaire, qui capitula mollement. Le visage dans la poussière, Guillaume grogna d'une voix rauque : « Assez… »

La foule se dispersa. Guillaume s'endormit en travers du passage et Richard s'assit contre le mur. Combien de temps restèrent-ils ainsi ? Richard n'en savait rien, mais lorsque Guillaume commença à s'éveiller, le soleil était déjà haut. Le jeune chevalier chargea péniblement son compagnon sur l'épaule, à la manière d'un sac de grain, et l'emmena jusqu'à l'abreuvoir le plus proche. Guillaume reprit ses esprits en tombant dans l'eau fraîche. Tous deux avaient le visage couvert de traces de coups. La lèvre de Richard était ouverte.

— Mon Dieu, qu'avons-nous fait ? s'exclama Guillaume en s'essuyant le visage avec les mains.

— Je ne te pensais pas si combatif, confia Richard en nettoyant une traînée de sang qui barrait son arcade sourcilière.

— Moi non plus... fit Guillaume.

Richard lui tendit la main pour l'extraire du baquet. Guillaume la saisit. Un vieil Arabe à barbiche se rua sur eux en râlant.

— Il dit qu'on a troublé l'eau, traduisit Guillaume tandis que les deux compères s'enfuyaient en riant.

Il ne leur fallut pas longtemps pour trouver quelqu'un capable de leur raconter comment les soldats commandés par l'oncle de Richard avaient été anéantis. Les deux jeunes gens n'eurent qu'à franchir la porte de la première taverne aux armes des croisés pour recueillir des informations. Tout le monde connaissait l'histoire de ces compagnons d'armes victorieux, lâchement attaqués alors qu'ils rentraient vers Constantinople. L'histoire de ces martyrs s'était répandue d'un bout à l'autre de la Terre sainte. Même si les récits variaient suivant l'imagination et la verve de celui qui racontait, tous s'accordaient sur le lieu de la tragédie, à plus de cent cinquante lieues à l'ouest, peu avant Kayseri, dans le défilé d'Ürgüp.

Beaucoup de ceux que Guillaume et Richard interrogèrent relatèrent un fait étonnant, mystérieux. Quelques jours après l'attaque, un autre détachement qui traversait la contrée avait découvert deux rescapés ayant échappé au massacre. Ils étaient à demi morts de soif et brûlés par le soleil. Ils racontèrent, tremblants, le carnage à leurs frères d'armes. Les deux hommes étaient en proie à de fortes fièvres et déliraient souvent. Au milieu de leurs propos incohérents, revenait sans cesse l'histoire d'un petit groupe emmené par Geoffroy de Clavel et qui, investi d'une mission des plus secrètes, s'était volatilisé corps et biens, comme par enchantement, dans le flanc de la montagne, entraînant à sa suite des assaillants et même des chevaux…

Les pauvres bougres succombèrent deux jours plus tard, sans avoir retrouvé la raison et sans en révéler davantage.

La première fois qu'il avait entendu cela, Guillaume n'avait prêté qu'une oreille distraite à ce qu'il avait pris pour des divagations. Mais, au troisième homme qui leur fit le même témoignage, il commença à reconsidérer son jugement.

À force de converser et d'interroger les gardes, les deux jeunes gens avaient fini par sympathiser et faire le récit de leurs exploits maritimes. Leurs interlocuteurs, médusés, écoutaient ces deux veinards qui avaient survécu au pire piège que peut tendre la mer. Un sergent, séduit par tant de chance et de bravoure, avait usé de sa solde tout juste versée pour leur payer une chopine.

C'est ainsi que les deux compères étaient attablés au fin fond d'une taverne, profitant du relatif confort. Ils ne buvaient leur breuvage qu'à petites gorgées. Ils savaient que, lorsqu'ils auraient terminé, ils seraient à nouveau à la rue, sans le sou et sans logis.

À la nuit tombante, d'étranges chants, certainement des prières, montèrent des maisons aux rideaux de toile tirés, les ruelles se vidèrent les unes après les autres et Smyrne s'assoupit. Les pierres étaient encore tièdes du soleil de l'après-midi. Richard et Guillaume erraient sans savoir quoi faire.

Le hasard de leurs pérégrinations les ramena devant l'entrée de la forteresse, dont les torches venaient d'être allumées. C'est en voyant un palefrenier conduire deux chevaux par leur longe que Richard eut une idée.

— Viens, suivons-le discrètement, fit-il en tirant Guillaume par la manche.

— Qu'as-tu l'intention de faire ?

Découvrant le sourire malin qui barrait le visage de son compagnon, Guillaume s'offusqua :

— Tu ne vas pas voler ces chevaux ?

— Va savoir…

Le palefrenier pénétra dans la cour d'une annexe de la forteresse. Tout autour d'une esplanade sablonneuse s'alignaient des écuries. Il y avait bien des gardes mais ils étaient occupés à jouer aux dés et ne remarquèrent même pas les deux ombres qui suivaient les chevaux.

Richard et Guillaume se cachèrent dans une grange à foin d'où ils avaient un excellent point de vue.

— Nous allons en choisir deux beaux, se régala Richard. J'en devine qui ne demandent qu'à galoper.

Guillaume qui, toute morale mise à part, ne gardait pas un excellent souvenir de ses dernières chevauchées, essaya une dernière fois de raisonner son complice.

— Ce sont sûrement des bêtes marquées. Nous nous ferons prendre au premier contrôle. Sais-tu quel châtiment on réserve aux voleurs de chevaux militaires ?

— Fais-moi confiance…

13

La chevauchée fut de courte durée. Les magnifiques alezans volés venaient d'être achetés sauvages et n'avaient pas encore été débourrés. Les deux malandrins furent certainement leurs premiers cavaliers... Les garçons se virent infliger un véritable rodéo avant de se faire éjecter sous l'œil incrédule des gardes qui n'eurent qu'à les ramasser.

On les enferma dans un réduit attenant aux écuries en attendant de les déférer à la prévôté le lendemain matin.

« Fais-moi confiance », songea Guillaume. Ça, pour demander à galoper, ils demandaient à galoper, en rond, dans la cour, en se cabrant et en sautant comme des possédés !

— Je ne pouvais pas savoir qu'ils étaient sauvages...

Un garde tambourina à leur porte.

— Taisez-vous, gronda-t-il. Tenez-vous tranquilles.

Richard était assis, la tête baissée. Guillaume faisait les cent pas dans la minuscule pièce en évitant de se prendre les pieds dans les poteries qui traînaient.

— Qu'allons-nous devenir ?

Il s'arrêta devant l'unique fenêtre qui donnait sur la rue et contempla la nuit étoilée. La lune était dans son premier quartier, d'un blanc éclatant, nimbée d'un léger halo. Une odeur de viande grillée flottait dans l'air et le torturait.

Guillaume enjamba les pots empilés pour s'approcher autant qu'il le pouvait de la fenêtre et humer l'appétissante odeur.

Il avait le visage calé entre les barreaux. Il en ferma les yeux de désir, salivant malgré lui. Lorsqu'il les rouvrit, là, juste devant lui, un visage sombre le fixait dans la nuit. Il sursauta de frayeur et tomba à la renverse.

— Quelle mouche t'a piqué ? grogna Richard. Tu veux absolument qu'on nous fouette ce soir ?

— Là, dehors, à la fenêtre, quelqu'un nous épie !

Richard eut un geste méprisant de la main. Guillaume insista :

— Je te jure que c'est vrai ! Va voir toi-même !

Richard se leva et s'approcha de l'ouverture. Il suffoqua de surprise et recula comme s'il avait rencontré un fantôme.

— Ayala !... fit-il d'une voix étranglée.

Guillaume bondit. La jeune femme était là et les regardait.

— Je viens vous délivrer, murmura-t-elle.

Les deux garçons restèrent sans voix. Elle donna un ordre et une corde passa autour d'un des barreaux. Lentement, la barre de métal fut tirée, tordue puis descellée du mur de terre battue. Le second barreau ne résista pas plus longtemps.

Les deux prisonniers se hissèrent dehors et découvrirent l'homme et le cheval qui avaient arraché les ferrures.

— Suivez-moi, leur dit la jeune femme, il ne faut pas rester dans les parages.

Ils se faufilèrent le long du mur et empruntèrent une série de ruelles. Une fois éloignés, Ayala poussa les deux garçons dans une modeste maison.

Richard ne comprenait pas et Guillaume n'avait d'yeux que pour celle qui, après avoir enflammé son cœur, venait de lui sauver la vie.

— Nous devons quitter la ville ce soir, annonça-t-elle. Nous allons souper et nous nous mettrons en route.

— Nous ? releva Richard.

— Je dois rejoindre mes parents, ils sont plus à l'ouest. Nous voyagerons ensemble, je vous aiderai à sortir de la ville.

— Mais pourquoi faites-vous tout cela ? demanda Richard, méfiant.

Ayala eut un regard pour Guillaume et répondit :

— Il m'a sauvée, c'est bien mon tour. Ensuite, nous serons quittes.

— Et comment nous avez-vous trouvés ? insista le jeune Montbard.

— Un correspondant de mes parents à qui j'ai raconté nos péripéties a entendu parler de votre arrestation...

— Tu n'as pas honte ? intervint Guillaume à l'adresse de Richard. Cette noble demoiselle nous sauve et nous offre son aide et tout ce que tu trouves à faire, c'est la suspecter...

Richard s'excusa sans conviction. Le repas fut servi dans une sorte de cellier par les suivantes d'Ayala. La table était petite mais les plats nombreux et succulents. Richard et Guillaume mangèrent comme quatre. Ayala s'amusait de les voir ainsi affamés.

— Comment comptez-vous nous faire sortir ? demanda Guillaume en s'acharnant sur une cuisse de poulet.

En guise de réponse, la jeune femme se leva et attrapa un sac.

— C'est vous qui m'avez montré, fit-elle en en tirant deux robes à capuche.

Richard tenta une nouvelle question :

— Et où sont vos parents ?

— Nous attendons un messager pour le savoir. Ils doivent me fixer un rendez-vous.

— Nous devons prendre la direction de Kayseri, déclara Guillaume, plein d'espoir. Ce n'est pas loin du comté de Tripoli.

— J'en ai entendu parler, assura Ayala. J'espère que nous pourrons faire une partie du chemin ensemble...

Moins d'une heure plus tard, la petite troupe enfourchait des chevaux. Ayala prit la tête, suivie de ses trois accompagnatrices toujours silencieuses et de deux porteurs. Dans le quartier, les gardes et les soldats patrouillaient à la recherche de deux voleurs de chevaux évadés...

Ils franchirent les limites de la ville et progressèrent régulièrement pendant plusieurs heures. Les abords de Smyrne n'étaient pas sans relief et le vent soufflait. La poussière soulevée en volutes s'abattait parfois sur la caravane. Suivre le chemin aurait été impossible si les porteurs n'avaient pas connu la route par cœur.

Guillaume tombait d'épuisement, ses yeux se fermaient. Richard luttait aussi mais la fatigue ne tarda pas à l'emporter. Ayala décida d'installer le campement à l'écart du chemin, dans un bois de petits arbres.

— Vous n'avez pas peur des bandits ? demanda Richard pendant qu'Ayala étalait les nattes.

— Desquels ? de ceux qui m'accompagnent ou de ceux qui rôdent ? répliqua-t-elle en souriant.

Richard rougit et changea de sujet.

La nuit fut douce, particulièrement pour Guillaume.

La caravane reprit son périple dès les premières lueurs de l'aube. Sans les rayons du soleil, il faisait frais et chacun était emmitouflé pour se protéger du vent persistant. Ayala faisait preuve d'une gentillesse et d'une bonne volonté permanentes envers les deux jeunes gens. Guillaume mettait cela sur le compte des sentiments et Richard se demandait sans cesse ce qui pouvait expliquer ce revirement.

Les accompagnatrices et les porteurs pourvoyaient à tout, au portage, aux corvées d'eau, à l'installation des camps. Guillaume et Richard n'avaient qu'à se laisser conduire. Il leur fallut moins de deux jours pour rallier Karahisar, soit le tiers du parcours. Un messager qui les y attendait informa Ayala que ses parents séjournaient à Aksaray, pour négoce. À la plus grande joie de Guillaume, Aksaray se situait sur la piste de Kayseri. Il soupira d'aise à l'idée d'accomplir la plus longue part du voyage avec celle qu'il trouvait plus belle de jour en jour.

Chaque soir, autour du feu, à la chaude lueur des flammes, rassasié par des plats délicieux malgré les faibles ressources des régions traversées, tout le monde se resserrait. À l'exception d'Ayala, les femmes ne prononçaient jamais une parole et les porteurs ne connaissaient que l'arabe. Guillaume échangeait bien quelques mots avec eux mais les conversations ne s'éternisaient pas. Ils avaient toujours à faire. Venait ensuite le moment que Guillaume attendait impatiemment : Richard, fatigué, allait se reposer le premier et lui restait seul avec Ayala.

Ils commençaient par se taire, par regarder le feu en silence. La fumée montait vers les étoiles, entraînant dans ses volutes des centaines de minuscules braises rougeoyantes qui dansaient.

Ils parlaient ensuite de la journée, des villages, des choses inconnues, de ce monde étranger et fascinant.

Guillaume expliquait ce qu'il savait. Ayala l'écoutait, passionnée et admirative de tant de savoir. Et quand par chance la fatigue ne les terrassait pas, ils poursuivaient en parlant d'eux. Les premiers jours, Ayala évitait de parler du *San Domino*, de ces discussions qu'elle avait eues avec Guillaume lorsqu'elle le prenait encore pour une timide demoiselle muette. Un soir, elle accepta.

Ils s'étaient rapprochés. Le visage d'Ayala respirait la quiétude, la douceur. Même quand il n'y avait plus aucune fierté dans son attitude, Guillaume y trouvait encore cette grandeur, cette noblesse qui l'avaient d'abord séduit.

— Parlez-moi de vous, lui dit-elle. Et promettez-moi de ne plus me mentir.

Jusque tard dans la nuit, Guillaume lui raconta son existence en Bourgogne, le monastère, qui il était, ce qu'il faisait. C'était comme s'il se confessait. Il la faisait rire, la surprenait, l'effrayait aussi parfois. Lorsqu'il finit de lui expliquer le véritable pourquoi de sa venue en Terre sainte, elle ne posa aucune question. Elle se contenta d'écouter. Ils parlèrent encore un peu puis allèrent se reposer. Il avait tenu parole, pas une fois il ne lui avait menti… Cette nuit-là encore, il oublia de prier avant de s'endormir.

La suite du voyage se déroula sous les meilleurs auspices. La petite équipée avançait à bon rythme, changeant de monture régulièrement dans les relais. Guillaume était heureux, Richard inquiet. Après quelques jours passés au grand soleil, tous avaient meilleure mine. Guillaume voyait sa peau foncer avec étonnement. La frotter énergiquement dans l'eau des rivières n'y changeait rien.

Souvent, les deux garçons avançaient de concert, loin derrière le reste de la troupe. Guillaume racontait ce qu'il avait appris d'Ayala lors de leurs dernières conversations. Richard voyait d'un assez mauvais œil son ami submergé par sa béatitude amoureuse. Guillaume ne songeait plus à rien d'autre. Richard ne pouvait pas se plaindre d'Ayala, elle était effectivement pleine de charme et d'une bonté remarquable. Cependant, quelque chose le gênait : Ayala préférait Guillaume. Lui, le séducteur, l'athlète devait s'effacer devant l'érudition et l'état de grâce de son camarade si chétif.

Guillaume s'était bien gardé d'avouer à Richard qu'il avait tout révélé à Ayala de leur mission secrète. Plus tard, il pourrait le lui dire, lorsque lui aussi aurait appris à faire confiance à la jeune femme.

Le jour où ils arrivèrent à Aksaray s'annonçait triste pour Guillaume puisque le voyage en compagnie d'Ayala touchait à sa fin.

En entrant dans la ville, ils mirent pied à terre. Fortifiée, la cité était construite le long de la seule et unique route qui traversait la région. Étendue dans la vallée, à l'ombre de cèdres, Aksaray semblait entièrement dédiée au commerce et aux caravanes qui transitaient par là.

Aux entrepôts gardés succédaient les auberges et les relais pour les chevaux. La présence chrétienne était discrète et de loin surpassée par l'importance du palais entouré de hauts murs qui s'élevait au centre de la ville. On n'en apercevait que les multiples toits et les hautes coupoles byzantines. Ses nombreuses tours témoignaient de la puissance du maître des lieux.

— Qui donc habite ici ? demanda Richard.

Ayala ne répondit pas tout de suite, trop occupée à contempler le monument.

— Mes parents s'y trouvent, dit-elle machinalement.

Les porteurs se présentèrent à la garde du palais et aussitôt, les voyageurs furent admis à y pénétrer. Les hautes portes ornées de ferrures ouvragées s'ouvrirent avec majesté, dévoilant une ville dans la ville. La cour intérieure était vaste, bordée de constructions aux entrées surmontées d'arcs en ogive.

La petite troupe s'immobilisa. Lentement, les portes commencèrent à se refermer derrière elle.

Ayala tendit les rênes de son cheval à un serviteur venu à leur rencontre. Elle abaissa sa capuche et s'avança sans hésiter vers l'entrée principale du palais proprement dit. Guillaume la regarda, stupéfait par tant d'assurance. La porte peinte s'ouvrit et un homme plutôt jeune apparut dans un costume chatoyant. Il tendit les bras vers la jeune femme.

« Il est impossible qu'il soit son père… », pensa le jeune homme.

Ayala marcha puis courut vers l'homme en souriant. Derrière eux, les portes du palais se refermaient toujours. Elle cria à l'homme quelque chose dans une langue que Guillaume ne comprit d'abord pas. Ses yeux s'écarquillèrent soudain de terreur. Cette langue, c'était celle des servantes pendant la tempête sur le *San Domino*, celle qu'on parlait à Smyrne. Ayala parlait la langue des infidèles ! Des gardes musulmans surgirent de partout, les encerclant inexorablement, leur lance pointée. Les portes de l'enceinte étaient presque refermées. Guillaume se retourna vers Richard qui venait lui aussi de comprendre.

— C'est un piège, Richard, Ayala a menti ! Fuis, rejoins Kayseri et trouve du renfort !

Le jeune chevalier prit ses jambes à son cou et détala. Un des hommes qui fermaient la porte tenta bien de l'arrêter, mais la charge fut massive et Richard réussit à forcer le passage avant de disparaître.

Guillaume resta seul, debout au milieu de la cour de ce mystérieux palais. Son ami n'était plus là. Déjà des bras le saisissaient. À la rage de s'être fait piéger, s'ajoutait la douleur d'avoir été trahi. À cet instant, Guillaume aurait voulu mourir.

14

La première sensation fut étrange. Guillaume était étendu. Il entendait des rires lointains, étouffés. Le soleil lui chauffait le visage. Il n'avait pas encore ouvert les yeux. Et si tout cela n'avait été qu'un horrible cauchemar ? Il allongea le bras, sa main ne trouva que du sable. Il était couché sur le sol. Il n'avait presque plus aucun vêtement.

Il ouvrit les yeux et la terrible réalité s'abattit sur lui de tout son poids. Il était seul, au fond d'une sorte de cellule circulaire, encerclé d'un haut mur fait de briques de terre claire. On aurait dit un puits, large de quelques mètres et incroyablement haut. Il n'y avait pas de plafond, juste une grille hors d'atteinte à travers laquelle on apercevait un ciel sans nuages. De là-haut venaient les rires et les voix. Aucune chance de monter. Les parois lisses et sans joint n'offraient aucune prise. Face à lui, au fond de ce cul-de-basse-fosse, se découpait une porte massive, pleine et ferrée.

La gorge desséchée, Guillaume s'assit. La soif et la faim le tenaillaient. Depuis combien de temps était-il prisonnier ? Quelle heure pouvait-il être ? Il avait perdu tout repère.

Il resta prostré. Son désarroi était immense. Il aurait donné n'importe quoi pour être dans la peau d'un autre, n'importe lequel. Que pouvait-il faire du fond de son trou ? Rien dans sa formation, dans l'enseignement des frères, ne l'avait préparé à affronter de telles épreuves. Comment pourrait-il se guérir un jour de la trahison d'Ayala ? Comment pourrait-il continuer sa mission sans Richard ? Son seul espoir était de le voir revenir avec de l'aide. Mais rien n'était moins sûr.

L'état de lassitude extrême de Guillaume et sa détresse lui enlevaient toute volonté. Il avait échoué. Il était perdu. Peut-être Dieu, dans sa miséricorde, lui épargnerait-il l'infamie de faire connaître à ses proches et à ceux qui lui avaient fait confiance les causes de cet échec... En trahissant ses vœux envers le Très-Haut et le caractère secret de sa mission, Guillaume avait lui-même signé sa perte et celle de Richard. Penser aux implications de ses actes le rendait malade. Il n'avait plus de larmes pour pleurer. Ses yeux étaient secs, comme son âme, et son cœur saignait.

Il se leva lentement puis, chancelant, fit trois pas hésitants pour se placer dans le quartier de lumière solaire. Il releva la tête vers la grille, et fixa le bleu du ciel à s'en étourdir. Il ne pensait plus à rien, il chassait toute idée de son esprit et se perdait dans cette couleur si pure. Dans son esprit comme dans ce piège, il n'avait aucune échappatoire. Il ne songea même pas à prier. Il tendit les bras vers l'inaccessible azur et poussa un cri de douleur, rauque, puissant.

Les rires cessèrent. Il lui sembla entendre un bruit derrière la porte.

Une voix l'interpella d'en haut. On lui parlait dans une langue qu'il était censé connaître et qu'il ne comprit pourtant pas. Lui qui avait cru pouvoir se mêler aux infidèles sans être reconnu… Guillaume releva la tête en s'appuyant au mur. Le visage penché au-dessus de la grille paraissait tout petit. Un autre vint se placer à côté. À contre-jour, il était impossible de distinguer quoi que ce soit. Guillaume reçut un crachat. Les rires fusèrent à nouveau, résonnant cette fois dans le puits. Une troisième silhouette se pencha et versa quelque chose. Une pluie de détritus, d'épluchures et de restes de nourriture s'abattit sur le jeune homme. Guillaume rentra la tête dans les épaules et regarda, incrédule, les ordures s'écraser dans la poussière, se coller à son corps. Comme une bête, il se jeta sur ce qui paraissait comestible et le porta à sa bouche. Il en était là…

Soudain, l'étroite porte de sa prison s'ouvrit dans un grincement et deux solides gaillards s'engouffrèrent. Ils le saisirent sans ménagement et l'entraînèrent en râlant contre ceux d'en haut qui continuaient à jeter tout ce qui leur tombait sous la main.

Les deux gardes le soulevaient littéralement – il n'aurait d'ailleurs certainement pas eu la force de marcher. D'escaliers en couloirs sombres, ils l'amenèrent jusqu'à une pièce basse éclairée seulement par quelques rayons de soleil jaillis de petites ouvertures rondes. La pièce aux murs nus était vide, à l'exception d'une table couverte de plats garnis, de fruits et de pichets ruisselants d'humidité qui trônaient au milieu. Guillaume passa la langue sur ses lèvres desséchées. Hypnotisé par les victuailles, il n'avait pas remarqué l'homme assis juste derrière cet étalage.

Les gardes plantèrent leur prisonnier à quelques pas de la table et reculèrent. Le maître des lieux se leva et les congédia d'un geste impérieux. Ils sortirent aussitôt en tirant la porte derrière eux. Guillaume fut saisi d'effroi en reconnaissant celui vers qui Ayala avait couru.

— Je ne vous veux aucun mal, lança l'homme à Guillaume. Vous êtes ici chez moi, et je crois que nous pouvons nous entendre…

Il parlait la langue de Guillaume à la perfection.

— Vous êtes à la recherche de quelque chose que nous voulons aussi, ajouta-t-il. Si vous nous aidez, vous aurez la vie sauve.

Guillaume n'écoutait pas. Ses yeux opéraient d'incessants allers-retours entre la nourriture et son mystérieux interlocuteur. Dans son regard se mêlaient l'envie et la crainte.

— Vous mangerez lorsque nous aurons terminé ! s'agaça l'homme, dont les manières trahissaient l'impatience.

Il n'était pas très grand mais de bonne constitution. Son visage était fin, il portait le bouc et la moustache. Son crâne était couvert d'un turban beige dont le devant était orné d'une épingle d'argent. Son costume était richement brodé d'or et de pierreries, les longs pans de sa veste étaient d'un bleu aussi pur que celui du ciel dans sa cellule.

— Vous ne voulez pas parler ? Pourtant on ne vous a pas coupé la langue, que je sache. Pas encore !

L'homme s'amusa de sa remarque. Il contourna la table et vint se placer dans l'un des rayons de lumière qui traversaient la pièce. Comme une bête traquée, Guillaume recula en se faisant le plus petit possible. À la ceinture de l'homme se balançait un superbe cimeterre au tranchant brillant.

— N'ayez pas peur, dit-il d'une voix apaisante. Je vais seulement vous poser des questions. Vous y répondrez, ensuite vous mangerez ce que vous voudrez et tout sera fini.

— Tout est déjà fini, murmura Guillaume.

L'homme ne réagit pas. Il saisit un pichet sur la table et but. L'eau lui coulait des lèvres jusque sur le menton. Guillaume aurait voulu lui sauter dessus mais n'en eut pas la force. Il lui sembla voir une ombre glisser devant les ouvertures dans le mur. Quelqu'un les espionnait-il ? L'homme aussi avait remarqué l'étrange mouvement.

— Il ne tient qu'à vous de boire tout votre saoul. Dites-moi ce que vous savez du Sceau des Maîtres.

Guillaume eut un vertige en entendant cet infidèle évoquer l'objet sacré de sa mission. Il demeura silencieux.

— Vous finirez par me le dire. Ce sera juste un peu plus long… et beaucoup plus désagréable pour vous.

Guillaume détourna le regard. Même les plats alignés n'arrivaient plus à le distraire de sa peur. Sa bouche était comme son esprit, murée.

— Mes hommes recherchent votre complice. Il n'ira pas loin.

Devant le mutisme de son prisonnier, l'homme perdait peu à peu son calme. Le peu d'effet de ses promesses ou de ses menaces le désappointait.

— Méfiez-vous, mon garçon, menaça-t-il, nous en savons assez pour nous passer de vos informations. Si vous refusez de vous soumettre et de parler, nous pourrons faire sans…

L'homme fit un pas de plus vers Guillaume, la main posée sur le pommeau de son sabre.

— Depuis longtemps, nous savons l'importance qu'a cette clef de l'Orient pour vos chefs. Nous allions nous en emparer lorsqu'elle a disparu. Un petit groupe d'hommes a réussi à s'enfuir avec pendant notre attaque mais nous les avons retrouvés… terrés dans une grotte. Beaucoup étaient morts ; les survivants ont fini par parler. Ils n'avaient rien. Le dernier d'entre eux a fini fou à lier, dans la cellule même où vous allez vite retourner. Il creusait le sol pour s'enfuir, on l'a retrouvé les ongles arrachés et les doigts en sang… Il est mort.

Guillaume écoutait, pétrifié.

— Vous savez où est cette clef. Vous savez au moins à quoi elle ressemble ou ce qu'elle ouvre. Aidez-moi et vous survivrez.

— Alors tout est fini pour moi parce que je ne sais rien. D'ailleurs, ma mission n'était pas aussi importante que cela, je ne cherchais pas vraiment cette clef...

— Vous mentez ! s'emporta l'homme en avançant encore, menaçant. Depuis cette attaque, vos gens, les envahisseurs, n'ont jamais subi autant de revers. Ils semblent désorganisés.

— Si cette « clef » était aussi importante que vous le prétendez, croyez-vous que nos chefs n'auraient envoyé qu'un jeune freluquet comme moi ?

L'homme accusa le coup. La remarque de Guillaume avait semé le trouble dans son esprit. Il retourna s'asseoir, songeur, et attrapa une figue séchée qu'il fit rouler entre ses doigts.

— Pourtant, réfléchit-il à voix haute, nous savons depuis longtemps par nos espions que vos chefs possèdent un objet, un talisman ou une clef qui leur a permis de vaincre et de nous surprendre. On dit que seuls les plus sages d'entre vos maîtres en connaissent le secret. Cet objet n'est pas une légende et vous avez vous-même avoué à Ayala que vous étiez ici pour le retrouver.

Guillaume ne savait que répondre. Le sang lui battait aux tempes et sa tête était près d'exploser.

— J'ai soif, dit-il, accablé.

— Dites ce que vous savez et vous aurez à boire.

— Je ne sais rien de plus que ce que cette femme vous a déjà répété. Je lui ai tout dit.

Guillaume marqua un long silence, bouleversé au souvenir de sa soirée avec Ayala. Cette nuit paraissait si lointaine…

— Quoi qu'il advienne, j'ai tout perdu, ajouta-t-il, à bout de forces. Mon âme est damnée et je suis indigne. Le Très-Haut fera ce qu'il voudra de moi, je n'appelle pas sa clémence, je ne la mérite pas.

L'homme bondit de son siège, le regard plus noir que jamais. Il martela la table du poing en lançant d'un ton glacial :

— Votre Dieu usurpateur fera ce qu'il peut, mais d'abord vous allez goûter à ce que moi j'appelle le purgatoire…

Il tira son cimeterre et contourna la table. Lentement, il marcha droit sur Guillaume, le bras levé, dans un rictus de rage. Une voix autoritaire s'éleva brusquement pour l'arrêter, une voix de femme. Guillaume, malgré la langue étrangère qu'elle parlait, l'aurait reconnue entre toutes.

L'homme se figea et pivota brusquement vers l'ouverture d'où sortait la voix d'Ayala. Il éructa quelques phrases dont Guillaume ne comprit pas un mot. La jeune femme lui répondit sur un ton aussi vif. L'échange fut bref. Guillaume se pencha pour essayer d'entrevoir son visage mais n'y parvint pas. L'homme, au comble de la rage, balança son arme sur la table encombrée dont les plats volèrent sous l'impact. Il était comme fou.

Il aboya un ordre, les deux gardes firent irruption et empoignèrent aussitôt Guillaume. Soulagé d'être soustrait à la colère de son interlocuteur, il fut traîné jusqu'à son cachot où on le jeta brutalement. Il s'écrasa à moitié contre le mur en entendant la porte se refermer derrière lui. Il lui fallut quelques instants pour reprendre ses esprits. Mais pour la première fois depuis longtemps, il ne le regretta pas.

Là sur le sol, au milieu des détritus, il distingua des morceaux qui n'avaient rien de restes. Dans le sable, il les saisit et les nettoya du mieux qu'il put. Il trouva ainsi, mêlés aux immondices, plusieurs belles portions de viande et des fruits, certes abîmés par leur chute, mais frais et entiers.

Il regarda vers l'ouverture située loin au-dessus. Quelqu'un essayait de l'aider…

15

Guillaume était presque rassasié, mais il avait froid. Torse nu, il grelottait dans son trou. La nuit était tombée et avec elle la température. Il était recroquevillé contre le mur dans l'obscurité absolue. Qui avait pu ainsi le ravitailler ?

Il entendit d'autres bruits venus d'en haut : des cris, des ordres, des tintements de chaînes. L'ouverture se confondait avec la nuit de la cellule. Il claquait des dents. Tout paraissait plus menaçant dans cette obscurité.

Il enlaça ses genoux et se replia sur lui-même. Il pensa un instant au calvaire enduré par celui qui avait été emprisonné là avant lui. Le pauvre bougre avait dû affronter les mêmes peurs, le même sentiment d'abandon et d'échec. Fallait-il qu'il soit devenu fou pour espérer s'enfuir en creusant le sol avec ses ongles… Guillaume ne pouvait cependant pas jurer de l'état dans lequel il serait après un séjour prolongé dans ce trou à rats. Il savait que pour cette nuit, le sommeil ne viendrait qu'avec un épuisement absolu. Pour l'heure, il était bien éveillé et aux aguets. Même s'il n'y avait rien autour de lui, Guillaume avait peur de tout et son imagination s'emballait.

Le bruit de course derrière la porte raviva ses craintes. Il n'y avait aucun doute, plusieurs personnes accouraient dans sa direction. Les yeux grands ouverts, prêts à capter la moindre lueur à travers les joints entourant la porte, Guillaume se recroquevilla encore plus.

Les pas s'arrêtèrent. On fit glisser les verrous. Le battant s'ouvrit dans un brusque mouvement. Guillaume n'eut pas le temps de distinguer quoi que ce soit. Un énorme ballot lui tomba dessus et roula sur le côté. La porte se referma aussi vite et les pas s'éloignèrent. Dans l'obscurité, Guillaume ne voyait rien. Son cœur battait à tout rompre. Que venait-on de lui jeter ?

Il se tenait immobile, retenant sa respiration. Le paquet gémit et jura.

— Richard ? hasarda Guillaume.

— Son fantôme, rétorqua l'autre dans un ricanement épuisé.

Guillaume se précipita vers son ami et, à tâtons, trouva son visage.

— Que fais-tu ici ? Où sont les renforts ?

Le jeune homme se redressa en gémissant.

— Évite de me toucher, s'il te plaît. Ils m'ont battu autant qu'ils le pouvaient. Toute la garde s'est défoulée sur moi. Je vais en crever.

Guillaume recula et chercha aussitôt le peu de nourriture qu'il avait dissimulé dans les détritus.

— J'ai à manger, et il me reste un fruit si tu as soif.

Richard toussa à s'en arracher les poumons.

— Je ne peux rien avaler.

Le jeune chevalier chercha le bras de son ami et dit :

— Je suis heureux de te retrouver. J'ai cru qu'ils t'avaient déjà tué.

— Il s'en est fallu de peu, répondit Guillaume.

— Ces chiens m'ont bien fait payer leurs trois jours de traque…

— Trois jours, dis-tu ?

— Trois jours de cavalcade, à rôder, à ramper, à me terrer comme un renard en crevant de faim et de soif. J'ai cherché les nôtres, en vain. Ils m'ont surpris cette nuit, à l'abreuvoir de leurs chevaux.

— J'aurai donc dormi deux jours dans ce trou…

— Dormi ! Grand Dieu, tu as de la chance !

— Est-ce toi qui m'as jeté des vivres cet après-midi ? demanda Guillaume.

— Les seuls morceaux de viande que j'aurais pu te lancer seraient venus de ma carcasse. Non, vraiment, je n'y suis pour rien.

— Alors il ne peut s'agir que d'Ayala.

— Celle-là, si je l'attrape… grogna Richard en se frictionnant les côtes. Quelle garce ! Et toi, tu nous as mis dans de beaux draps.

Guillaume, écrasé de honte, ne répondit pas. Richard lui administra une bourrade et dit :

— Mais je dois bien avouer que j'aurais fait pareil à ta place.

— De quoi veux-tu parler ?

— L'autre soir, si j'avais eu tes sentiments pour elle, je lui aurais dit moi aussi pourquoi nous étions là, sans lui mentir.

— Mais…

— Ne te fatigue pas. Ils savent des choses que nous sommes seuls à savoir. L'un de nous a parlé, et ce n'est pas moi. Le « Sceau des Maîtres ». Ils l'ont appelé par son nom.

Guillaume fut accablé une fois de plus.

— Nous ne sommes pas les premiers captifs dans cette affaire, reprit Richard. Si j'ai bien compris ce qu'a dit celui qui menait l'interrogatoire, j'ai l'explication pour la petite troupe qui a disparu dans la falaise. Quelques-uns des nôtres se seraient en fait réfugiés dans une grotte dont ils auraient éboulé l'entrée. Ces chiens ont creusé pendant des jours pour les débusquer et ramener ceux qui n'étaient pas déjà morts dans ce maudit palais. Ils les ont torturés.

— C'est l'homme vers qui Ayala a couru qui t'a interrogé ? demanda Guillaume.

— Oui, et c'est lui qui m'a parlé d'un autre prisonnier.

— Il est mort. Dans cette cellule.

— Mon Dieu, fit Richard d'une voix lasse. C'est probablement ce qui nous attend aussi.

Les deux garçons restèrent silencieux un long moment. Ils s'appuyèrent l'un sur l'autre, dos à dos, pour se réchauffer un peu. Richard finit par manger le fruit. Ils n'échangèrent pratiquement plus un mot. Le sommeil leur vint peu avant l'aube. Ils n'avaient pas beaucoup dormi lorsque la porte de leur cellule s'ouvrit à nouveau…

La pièce où ils furent traînés était voûtée, crasseuse, et au centre se trouvait un foyer où le feu dansait. Des soupiraux régulièrement placés projetaient leur rectangle de lumière sur le sol dallé. Un homme petit et trapu remuait les braises. Il avait mis des fers à rougir.

Richard n'avait pas la force de résister aux deux geôliers qui le maintenaient. Ils l'attachèrent par les bras à un portique de métal. Guillaume subit le même sort, face à lui.

L'homme qu'ils avaient vu la veille arriva aussitôt, la mine grave.

— Je dois vous avouer que je suis impressionné, déclara-t-il. Je ne m'attendais pas à vous trouver si vaillants ce matin. Vous qui avez été battu et vous qui avez passé trois jours sans manger… Mais le temps presse et je n'ai toujours pas les réponses à mes questions. Je vais devoir être plus persuasif…

Il attrapa une bande de toile qu'il enroula autour de sa main avant de saisir un tisonnier chauffé à blanc.

— Lequel d'entre vous a-t-il des choses à dire ? Si vous ne parlez pas pour sauver votre misérable vie, vous parlerez pour sauver celle de l'autre…

La pointe brûlante passa à moins d'une paume du visage de Richard puis, dans une large courbe aérienne, frôla la joue de Guillaume.

— Nous ne savons rien que vous ne sachiez. Vous vous trompez sur nous.

L'homme effleura la main attachée de Richard de l'extrémité fumante et rougie. Il suspendit son geste un instant puis appliqua soudain le fer sur la chair. Richard se raidit de douleur et poussa un cri rauque.

— Tuez-moi, lança-t-il rageusement en gémissant. Si j'avais su quelque chose, je l'aurais avoué à vos hommes hier. À huit contre un, j'aurais tout dit.

Dans un mouvement de colère, l'homme jeta le tisonnier dans le feu, projetant des braises partout autour, puis il vint se placer face à Guillaume, à quelques pouces de son visage, et plongea ses yeux dans les siens. Il respirait bruyamment, contenant sa hargne.

Soudain, Ayala entra, suivie d'une jeune femme. Alertée par le cri de Richard, elle était accourue. Elle jeta un regard sans émotion sur les deux garçons et se dirigea directement vers l'homme. Le petit trapu qui s'activait à ramasser les braises tombées s'écarta prestement en baissant la tête avec déférence.

La jeune femme était furieuse. Ses lèvres n'étaient plus qu'un mince trait et elle serrait les poings. Dans la langue des infidèles, elle s'adressa à l'homme sur un ton cassant, désignant tour à tour les deux prisonniers d'un mouvement vif du menton. Il tenta bien de résister à sa colère mais ses efforts s'avérèrent inutiles. Elle virevoltait en tous sens. Guillaume souffrait de la voir si proche, il aurait voulu la haïr mais n'y parvenait pas.

Elle était là, à quelques pas de lui. Elle ne le regardait pas.

Richard, lui, n'avait aucun mal à la détester. Il sentait l'écœurante odeur de viande à moitié cuite qui émanait de sa main meurtrie. Malgré lui, des larmes roulaient sur ses joues. Il aurait donné n'importe quoi pour les faire disparaître, pour ne pas exhiber sa faiblesse à celle qui les avait vendus.

Ayala faisait face à l'homme ; d'une froideur calme, elle martelait d'incompréhensibles paroles. Lorsqu'elle eut fini sa diatribe, l'homme ne répondit même pas. Il n'arborait plus son fier port de tête. Il osait à peine affronter le regard de la jeune femme. Elle appela les gardes. Sur son ordre, les deux jeunes hommes furent décrochés puis reconduits vers leur cellule.

À l'instant où la porte du cachot se refermait derrière eux, une nouvelle pluie de détritus s'abattit dans un éclat de rire mauvais. Richard, qui s'était laissé tomber à genoux, en fut tout surpris.

— Coutume locale, fit Guillaume. Ils balancent leurs ordures sur les prisonniers.

Au milieu des immondices, Guillaume ramassa une sorte de feuille de salade. Il s'approcha de Richard, lui saisit la main et la déposa sur la blessure.

— C'est assez superficiel, tu guériras vite, conclut le jeune moine.

— J'ignore si nous serons vivants assez longtemps pour voir la plaie cicatriser…

— Heureusement qu'Ayala est intervenue, je ne sais pas ce qu'aurait fait ce fou.

— Si elle ne s'était mêlée de rien, nous ne serions pas dans les geôles de ce palais.

Guillaume se laissa glisser contre le mur et désigna à son ami la petite portion de mur que le soleil éclairait encore face à lui.

— Installe-toi là, dit-il à Richard, tu auras plus chaud. Profite du soleil, ses rayons n'atteignent pas très longtemps le fond.

Richard fit un geste vague.

— J'ai eu mon compte de chaleur...

Guillaume cala son menton sur un poing, fouillant négligemment les détritus de son autre main. Machinalement, il commença à en jeter un ou deux sur le mur d'en face. Il fronça soudain les sourcils : quelque chose avait attiré son regard. Il se leva d'un bond et s'approcha de la paroi éclairée par le soleil. Il inclina la tête, caressa la terre durcie et partit d'un grand rire.

— Tu as perdu l'esprit ? demanda Richard.

— Approche et regarde ça... Le prisonnier qui était là avant, le rescapé, n'a pas usé ses ongles pour creuser, mais pour graver un message...

16

Certains mots étaient presque illisibles. Le soleil déclinait et les deux garçons s'acharnaient à tout décrypter avant que la nuit tombe. Le temps ne comptait plus.

« Ma vie est perdue et le secret du Sceau avec elle. À qui le confier sinon à la Divine Providence ? »

Guillaume et Richard avaient le même regard exalté. Dans l'urgence, ils déchiffraient lettre à lettre, reconstituant le mystérieux texte. Ils redoutaient d'être interrompus par une arrivée inopinée des gardes.

« Si vous comprenez ces mots, Dieu a permis le miracle. Au droit de la grotte, à six pas de la tombe du fond, dans la direction du bras qui ne peut signer... »

Le pauvre homme avait dû mettre des jours à graver ces quelques mots sur un mur si dur, payant chaque lettre d'un ongle usé au sang.

« ... la pierre qui est à l'épaule de M... R... »

Le mot était indéchiffrable.

« ... renferme dans son creux ce qui vaut nos existences. Elle est scellée à la terre et au sang et la piqûre du Malin la protège. Pour l'amour du ciel, portez le Sceau aux Maîtres et que la vraie Foi triomphe. »

Guillaume répéta les derniers mots à voix basse, pour les imprimer à tout jamais dans son esprit.

— À quoi sert de l'apprendre, puisque nous ne sortirons pas d'ici... fit Richard.

— Tu es témoin. Dieu a accompli un miracle en nous permettant de découvrir ce texte. Il n'a pas voulu cela sans but. Nous sommes ses instruments. Nous nous en sortirons.

Le jeune homme était dans un grand état d'excitation. Il faisait les cent pas dans la cellule, cherchant s'il n'y avait pas d'autre message inscrit sur les parois.

— Ne te fatigue pas, Guillaume. J'ai toujours admiré ta foi et ta confiance dans le destin mais tu dois admettre que, du fond de ce trou et vu l'état où nous sommes, notre avenir paraît compromis...

L'obscurité fut totale après deux nouvelles averses de détritus. Contrairement à ce que Guillaume avait secrètement espéré, rien de comestible ne s'y cachait.

La nuit s'annonçait fraîche. La soif et la faim se faisaient à nouveau pressantes. Tous deux redoutaient sans se l'avouer leur prochaine entrevue avec le maître des lieux. Ils étaient assis en silence lorsque des pas résonnèrent dans le couloir. Aucun d'eux ne bougea pour ne pas trahir sa panique, mais Richard et Guillaume auraient voulu courir, se cacher, fuir, se terrer, disparaître.

— Par la Sainte Croix, que nous veulent-ils encore ?

La porte s'ouvrit sur l'aveuglante lumière de deux torches. Les deux garçons se levèrent d'un bond. Ayala entra dans la cellule. Elle regarda Guillaume.

— Il vous tuera et je crois que vous ne savez rien. Votre mort serait inutile et cruelle. Vous m'avez sauvé la vie. Je vous rends la pareille. Suivez-moi.

Guillaume la regardait, les yeux plissés par la lumière vacillante. Il fit un pas à sa suite. Richard le retint par le bras.

— C'est un piège, glissa-t-il à voix basse.

— Peut-être, répondit Guillaume, mais c'est peut-être aussi un second miracle…

Il sortit, bientôt suivi par Richard. Ayala les fit passer par d'innombrables couloirs et des souterrains. Elle leur fournit des vêtements arabes et leur servit à boire. Sa servante était terrifiée de voir sa maîtresse aider les deux prisonniers.

Ils s'échappèrent du palais par une porte dérobée où les attendaient un homme et trois chevaux.

— Pourquoi trois chevaux ? demanda aussitôt Richard.

— Je vais vous conduire, répondit Ayala. Sans guide, vous vous perdrez. À trois jours au sud, il y a un port, vous pourrez vous y cacher en attendant le bateau qui vous ramènera vers Venise. Je vous donnerai de quoi payer.

Guillaume éprouva un grand soulagement. Il n'avait qu'une envie, fuir cet enfer. Malgré son aversion pour les chevaux et l'inconfort des vêtements amples auxquels il n'était pas habitué, il se précipita sur sa monture. Richard l'imita avec nettement moins d'enthousiasme, il semblait réticent.

Le petit équipage partit au trot dans la nuit sans lune, se faufilant silencieusement dans les ruelles désertes d'Aksaray.

Lorsque la ville fut loin derrière, Ayala ralentit l'allure. Sans lumière, la progression sur les sentiers caillouteux était hasardeuse, un cheval risquait toujours de s'y fouler un pied.

— Nous sommes assez loin, fit la jeune femme. Nous allons nous cacher pour la nuit, je connais un endroit.

Elle descendit de sa monture, la saisit par la bride et bifurqua à travers les arbres clairsemés vers une colline rocheuse. Les deux garçons l'imitèrent sans rien objecter. L'avance devint de plus en plus périlleuse, le sentier frôlait des sillons profonds et ils ne voyaient rien. Ayala semblait parfois hésiter sur la direction à suivre.

— J'ai du mal à reconnaître, je ne suis pas venue depuis longtemps, lança-t-elle.

— Vous n'avez qu'à crier plus fort, fit remarquer Richard, ainsi ils seront prévenus de notre arrivée encore plus tôt.

Ayala s'arrêta net et fit face au jeune homme.

— Que sous-entendez-vous ? demanda-t-elle d'un ton abrupt.

Malgré la pénombre, Richard devinait l'intensité de son regard. Il répliqua :

— Qui nous dit que nous n'allons pas vers un autre piège, que vous ne nous conduisez pas à la mort ?

— Rien, laissa tomber la jeune femme. Mais il y aurait eu plus simple que de vous faire sortir, de risquer la vie de mes suivantes à qui l'on fera payer mon acte parce que personne n'osera m'affronter...

— Pas même votre mari ? rétorqua Richard.

— Si vous faites allusion à celui qui vous a interrogés, sachez qu'il est mon frère et que je ne suis la femme de personne.

Guillaume était bouche bée. La brise sifflait dans les buissons épars. Les chevaux soufflaient en grattant le sol irrégulier de leurs sabots.

— Et laissez-moi vous confier autre chose, enchaîna la jeune femme. Je suis la fille du pacha Marani. Il est le maître dans ces régions. Il a depuis longtemps des contacts avec ceux de votre religion ; ensemble, ils étudiaient et s'enrichissaient mutuellement. Depuis ma plus tendre enfance, il m'a enseigné votre culture, vos usages. C'est lui qui m'a envoyée secrètement dans vos contrées pour me familiariser avec votre monde. Nous étions destinés à nous rapprocher, disait-il, et j'aurais été son ambassadrice en Occident. Il a été trahi voici dix années. Il n'a dû son salut qu'à la loyauté des siens et à l'honnêteté de quelques-uns des vôtres. Depuis, nos mondes sont en guerre. Pour le commerce, par appât du gain, vos grandes cités marchandes tentent de s'imposer, de nous détruire. La religion n'est qu'un prétexte. Alors nous avons décidé de nous battre, de résister. Je suis devenue une espionne, ma connaissance de vos coutumes étant ma meilleure arme. Mon frère a vu mourir notre mère sous vos lames. Il a pris les armes. Il vous hait. Pas moi. J'ai appris depuis longtemps que dans chacun des deux camps, il y a des bons et des mauvais. Ce n'est pas une question de dieux ou de race, mais de cœur...

La jeune femme semblait bouleversée. Elle parlait vite. Sa voix tremblait parfois. Guillaume et Richard étaient ébranlés. Personne ne leur avait jamais parlé ainsi, personne ne leur avait jamais donné ce point de vue.

— Et maintenant, venez, dit-elle. Nous ne sommes pas arrivés et nous avons tous besoin de repos. Je peux vous guider mais je ne peux pas vous porter...

Le reste de la marche se déroula en silence. Ils arrivèrent bientôt sous une sorte de surplomb rocheux encaissé auquel on accédait par un étroit défilé.

— Ici nous pourrons faire du feu sans risquer d'être repérés, dit Ayala en attachant son cheval à un tronc d'arbre mort.

La jeune femme sortit une gourde et quelques vivres de sa besace et les partagea pendant que Richard disposait les pierres pour former le foyer.

Il ne fallut pas longtemps pour que les flammes s'élèvent et les réchauffent. Assis autour du feu, l'étrange trio restait silencieux. La douce lumière atténuait les traces de blessures et d'épuisement sur les visages. Pour le jeune moine, cette nuit en rappelait une autre. C'était avant. Depuis, s'il n'avait pas perdu la vie, il avait perdu quelques-unes de ses illusions. Même si, malgré tout, il ne pouvait s'empêcher de trouver Ayala fascinante, il s'était juré de ne plus jamais oublier sa mission…

Les révélations de la jeune femme étaient aussi surprenantes que troublantes. Beaucoup d'idées préconçues vacillaient dans l'esprit de Guillaume. Ayala semblait attendre que l'un des deux garçons renoue le dialogue, leur jetant des coups d'œil furtifs. Son regard était moins dur, moins fermé. Richard aurait voulu pouvoir parler avec Guillaume seul à seul, et le jeune moine l'avait bien senti. Il savait ce qu'allait lui dire son ami.

Il serait question de méfiance, de danger, et il n'avait pas tort. Mais Guillaume avait déjà un plan pour la suite…

17

Le jour les éveilla tardivement. L'ombre du surplomb rocheux les protégeait et la lumière ne les atteignit que dans la matinée. Richard éparpilla les cendres du feu de la veille pour effacer les traces de leur passage. Il cherchait le regard de Guillaume. Le tête-à-tête n'avait pas eu lieu et ils allaient repartir.

— Il y a un ruisseau non loin d'ici, dit Ayala. Nous y ferons boire les chevaux.

Elle semblait plus détendue que la veille. Guillaume s'approcha d'elle et déclara :

— Nous savons que votre présence à nos côtés représente un grand risque pour vous. Vous pourriez être condamnée pour trahison envers les vôtres. Nous vous en sommes très reconnaissants.

Richard le fusilla du regard. Il profita de ce qu'Ayala baissait la tête pour faire signe à Guillaume de se taire.

— Malgré cela, fit le jeune moine sans tenir compte du geste de son compagnon, nous voudrions vous demander une faveur…

— Laquelle ? s'enquit la jeune femme, surprise.

— Nous souhaiterions nous rendre à la grotte où sont morts nos frères.

— Celle où ils se sont réfugiés ?

— Je crois savoir qu'elle n'est pas trop loin et notre prière sur leurs tombes vaudrait les derniers sacrements qu'ils n'ont pas eus.

— C'est un détour risqué et les heures nous sont comptées.

— Si vous connaissez nos traditions, vous savez que pour nous la mémoire des morts et le repos de leur âme sont sacrés. Nous étions aussi venus pour cela. Notre mission ne serait pas un échec complet si nous pouvions au moins accomplir ce rituel.

Ayala hésita quelques instants avant d'approuver d'un mouvement de tête.

— Je comprends, fit-elle. C'est d'accord. Ce n'est pas très loin, mais nous devons remonter vers le nord.

— Vous savez y aller ? s'étonna Guillaume.

— J'ai grandi au palais et nous venions jouer jusque dans les environs. Même si je ne m'y suis jamais rendue, je sais où elle se trouve. Nous y arriverons par le haut des falaises, il faudra laisser les chevaux et descendre à flanc.

Le soleil était haut et brûlant. La terre ocre renvoyait ses rayons et tous devaient garder les yeux plissés pour ne pas être éblouis. Le vent soulevait parfois des volutes de poussière. Guillaume et Richard avaient beaucoup de mal à se faire aux vêtements arabes. Marcher avec ces grandes robes sans même une ceinture était en soi une épreuve.

Ayala ouvrait la route. Les collines succédaient aux collines, toutes identiques, arides, séparées par des sillons de plus en plus profonds. Les pluies de printemps, torrentielles dans la région, avaient sculpté la pierre tendre.

À la crête des monticules, le vent usait le tuf, modelant des formes douces et arrondies en arrachant d'innombrables grains. La végétation était rare, elle ne survivait que dans les replis, à l'abri du vent.

Ils arrivèrent sur un plateau. Leur progression s'en trouva facilitée. Lorsqu'ils atteignirent l'extrémité du relief, ils découvrirent une vue saisissante. Ayala désigna le panorama d'un geste ample.

— La vallée d'Akbena.

À perte de vue, de petites collines de tuf alternaient avec des monticules en forme de pain de sucre. Le paysage était uniformément ocre clair, bosselé à l'infini.

Le vent fouettait leur visage. Ayala attacha les chevaux à un gros buisson sec. Elle ne garda que la gourde.

— La grotte est en contrebas ? demanda Guillaume.

Ayala acquiesça en leur faisant signe de la suivre. Elle attrapa les pans de sa robe et s'engagea dans une faille. Le passage était étroit, instable et le moindre faux pas risquait de les précipiter des centaines de mètres plus bas…

La descente, qui avait commencé par un raidillon, se poursuivait maintenant par de l'escalade. Richard avait le vertige. Il se tenait plaqué aux parois en fermant les yeux le plus souvent possible. Il détestait le vide. La pierre tendre et poussiéreuse n'offrait jamais de prise franche. Il fallait se laisser glisser de ravine en corniche. À certains passages, Ayala marquait le pas, contemplant le précipice qui leur faisait face pour mieux trouver la voie qui les conduirait en bas.

— Pourrions-nous ralentir ? demanda Richard. J'ai le souffle coupé.

— On peut nous voir à des lieues, il ne faut pas traîner ici, lui répondit la jeune femme.

Il leur fallut trois bonnes heures pour atteindre la base de la falaise, puis une de plus pour s'approcher de la grotte. L'entrée était à demi effondrée. Sans Ayala, ils ne l'auraient pas découverte.

Richard se laissa tomber assis sur un rocher. Il s'essuya le front d'un revers de manche. Ayala regardait vers la vallée, inquiète. Ce qu'elle redoutait le plus, c'était d'apercevoir le panache de poussière blanche que soulèvent les chevaux quand ils arrivent au galop… Elle offrit sa gourde à ses compagnons et but ensuite.

Guillaume étudia l'entrée de la grotte. Il décida d'entrer.

Escaladant les éboulis, enjambant les blocs, il s'aventura seul dans le boyau. La pénombre offrait une relative fraîcheur. Il régnait un silence absolu. Le jeune homme se tenait debout, comme il l'aurait fait dans une cathédrale. Le calme, l'absence de vent, l'étrange lumière, tout lui rappelait les cryptes de Bourgogne. Elles étaient si loin…

Il avança à pas lents. Non qu'il redoutât un quelconque danger, mais il observait tout.

Finalement, il avait réussi. Après bien des péripéties, il allait trouver ce qu'il était venu chercher. C'est ici que ses frères avaient péri pour protéger le Sceau, au cœur de ces boyaux de roche. Beaucoup d'entre eux y étaient ensevelis à jamais. Guillaume était ému.

Presque au fond, il trouva les sépultures. Les simples amas de terre et de pierres ne portaient pas d'inscription et les croix de fortune avaient été brisées par les Arabes. Le jeune moine posa un genou en terre et pria. Il resta recueilli quelques instants, mais son cœur battait à tout rompre. Il devait maintenant trouver le Sceau.

Richard arriva à son tour, sautant d'un rocher.

— Tout ce chemin depuis des mois pour finir ici… fit le chevalier.

— Ce n'est que le début… répondit Guillaume à mi-voix.

Il saisit un débris de bois et se dirigea vers la tombe située au fond. Avec application, il compta ses pas en récitant le texte gravé à voix basse.

« À six pas de la tombe du fond… »

Il marqua l'endroit d'une pierre.

« Dans la direction du bras qui ne peut signer… »

— Que faites-vous ?

La voix claire les fit sursauter. Ayala les observait, incrédule.

— Pourquoi comptez-vous vos pas ? demanda-t-elle.

Guillaume ne savait que répondre, il rougissait à vue d'œil.

— Écoutez… tenta Richard.

— Vous m'avez menti ! s'emporta soudain la jeune femme. Vous vous êtes servis de moi !

Alors qu'elle se détournait pour s'enfuir, Richard bondit et la ceintura. Elle se débattit de toutes ses forces, mais le jeune homme tint bon. Elle criait, vociférait dans toutes les langues qu'elle connaissait.

Richard la plaqua sur le sol et pesa de tout son poids pour la maintenir. Guillaume essaya de la calmer mais rien n'y fit. Elle était comme une bête sauvage, lacérant les bras des garçons avec ses ongles et leur donnant de furieux coups de pied.

— On ne s'en sortira pas, hurla Richard dans la mêlée.

— Que pouvons-nous faire ?

Pour toute réponse, Richard administra un puissant coup de poing à la jeune furie. Elle s'évanouit.

— Tu es fou ! s'écria Guillaume. Tu l'as tuée !

— Certainement pas. Elle va rester inconsciente quelque temps et ce n'est pas pour me déplaire. Le temps de trouver le Sceau et de déguerpir.

— Nous n'abandonnerons pas ici celle qui nous a sauvé la vie…

— Nous ne nous embarrasserons pas de celle qui nous a trahis. Et maintenant, ligotons-la et trouvons le Sceau.

En suivant les indications du message découvert dans la cellule, les deux garçons finirent par découvrir une pierre bombée d'imposante taille, habilement rajoutée à la paroi naturelle.

Avec le débris de bois des croix, ils la descellèrent sans trop de difficulté. Richard allait passer sa main derrière lorsque Guillaume le retint.

— Souviens-toi du message : « La piqûre du Malin la protège. »

— Qu'est-ce que cela signifie ?

— Recule, nous allons le découvrir.

Guillaume escalada la paroi et se plaça au-dessus de la pierre creuse. Du pied, il la poussa et la fit basculer. À peine avait-elle heurté le sol qu'une nuée de scorpions s'en échappa, courant en tous sens. Ils étaient noirs, petits, terriblement vifs et mortels. Richard grogna de peur et sauta sur le premier monticule venu. Les redoutables créatures cavalaient dans toutes les directions, leur dard menaçant prêt à frapper. L'une d'elles se dirigeait vers le corps inanimé d'Ayala.

— Tue-le, cria Guillaume, ce démon va la piquer !

Richard ne savait comment s'y prendre. Guillaume sauta de son promontoire et saisit une pierre en évitant un scorpion de justesse. D'autres s'approchèrent de ses jambes, il se dégagea d'un bond et lança le projectile qui écrasa la bestiole dans un sinistre craquement de carapace broyée. Richard l'imita et ensemble, ils réussirent à anéantir le funeste bataillon. Ni les cris ni l'agitation n'avaient réveillé la jeune femme.

Tout juste remis de ses émotions, Guillaume retourna à la pierre creuse et la déplaça avec précaution pour vérifier qu'aucun de ces démons ne s'y tapissait plus. Une fois certain que la cache en était débarrassée, il passa la latte de bois à l'intérieur. Il accrocha quelque chose de mou. Doucement, Guillaume tira la bourse de cuir. Il la palpa rapidement et devina l'anneau. Il poussa un imperceptible soupir de soulagement. À sa seconde fouille, il extirpa le gilet roulé en boule. Richard se tenait juste au-dessus de lui, contemplant ce pour quoi tant étaient morts ou avaient risqué leur vie.

Guillaume dénoua les liens du gousset et en tira l'anneau portant la pierre.

— Une bague, une simple bague, fit Richard, d'un ton déçu.

— Ne te fie pas aux apparences...

— Tu sais à quoi tout cela sert, n'est-ce pas ? demanda Richard d'un ton réprobateur. Tu le sais et tu ne me l'as jamais confié.

— J'avais juré de ne le dire à personne, ne m'en veux pas.

— Notre mission aussi était secrète et pourtant tu as fait confiance à cette femme.

Richard était triste. Guillaume s'approcha et lui dit :

— À notre départ, je ne te connaissais pas. Et puis après, nous n'avons pas eu le temps d'en reparler. Aujourd'hui les choses sont différentes. Viens, je vais te montrer.

Le soleil était encore assez haut. Les mains de Guillaume tremblaient. Durant sa préparation, on lui avait expliqué les gestes qu'il devrait exécuter, mais manipuler réellement le Sceau était une autre affaire...

Le jeune moine déroula le gilet froissé et l'étala sur le sol tiède. Il enfila l'anneau à son doigt et déclencha le mécanisme.

Richard suivit la mise en place des minuscules réflecteurs avec une stupéfaction teintée d'émerveillement. Guillaume aligna la pierre avec le gilet. Les dizaines de points multicolores vinrent se positionner sur la carte.

— Bon sang ! s'étrangla Richard.

— La plupart de ces endroits sont secrets. On y trouve des renforts, des réserves, des caches, des vivres...

— Tous les atouts qui nous ont manqué durant la dernière croisade...

— Mais on prétend aussi qu'il y a plus. On ne sait s'il s'agit d'un trésor ou d'autre chose.

En disant ces mots, Guillaume cherchait des yeux sur la carte le seul point qui soit vert émeraude. Il le trouva, au sud de Jérusalem. Il le pointa du doigt et dit :

— Ici niche quelque chose de fabuleux, un secret que même les dignitaires de notre ordre ne possèdent pas. C'est la source de toutes les légendes, peut-être l'unique trace matérielle de Dieu sur terre. Seuls les maîtres y ont accès. On dit ce sanctuaire introuvable et sacré, inviolable.

— Nos espions n'avaient pas tort, fit la voix d'Ayala derrière eux.

La jeune femme avait réussi à se libérer de ses liens.

— Vous cachiez bien votre jeu, continua-t-elle. Il m'en reste visiblement beaucoup à apprendre sur vous...

Dans un réflexe, Guillaume ramassa le gilet et serra l'anneau contre lui. Richard se levait déjà pour saisir la jeune femme mais elle lui désigna l'horizon.

— Vous avez d'autres problèmes que moi... fit-elle.

Richard repéra avec effroi le panache de poussière.

— Entrons dans la grotte ! hurla-t-il en entraînant la jeune femme.

— Vous commettez la même erreur que vos compagnons d'armes... rétorqua Ayala.

— Pas tout à fait. Cette fois, nous avons un otage de choix, siffla Richard.

Guillaume était paniqué. En tremblant, il glissa l'anneau dans sa bourse de cuir. « Ils ne doivent le trouver à aucun prix », se répétait-il.

Les cavaliers approchaient. Richard était à l'entrée, dissimulé derrière un rocher, tenant Ayala par le bras d'une poigne d'acier. Guillaume s'affairait au fond et cherchait une cachette au milieu des cadavres de scorpions.

« Je n'y arriverai jamais, maudite soit cette grotte ! »

Les cavaliers étaient à moins d'un quart de lieue. Richard pouvait maintenant les compter. Il poussa soudain un cri de joie.

— Guillaume, ce sont les nôtres !

La bannière blanche frappée de la croix pattée rouge flottait au vent. Richard bondit et fit de grands signes. Ayala était sans force, abattue par ce coup du sort. Guillaume déboucha à la lumière et sourit. Il n'aurait plus à dissimuler le Sceau. Ils avaient gagné. Ce jour resterait dans l'histoire de la chrétienté.

Les cavaliers arrivèrent bientôt à leur hauteur. Richard se précipita au-devant d'eux. Il pleurait de joie, il serra le premier sergent venu dans ses bras. Après des mois, il retrouvait ses frères d'armes. Il contemplait, béat, les cottes de mailles, les épées et les blasons. Guillaume exultait aussi.

Comment auraient-ils pu prévoir que, le soir même, ils seraient aux fers, et que leurs « frères » leur infligeraient plus de souffrances que les pires de leurs ennemis ?

Ils avaient néanmoins raison sur un point : ce jour resterait dans l'Histoire à tout jamais…

18

Le détachement s'enfonçait dans les collines arides de la vallée d'Akbena chauffée par le soleil. Guillaume était attaché par les poignets derrière un cheval. À force de se retourner pour tenter d'apercevoir Ayala qui subissait le même sort un peu plus à l'arrière dans la colonne, il avait trébuché et s'était fait traîner par l'animal. Ses jambes étaient écorchées au sang. Guillaume entendait Richard, en avant, hors de vue, qui vociférait son nom et les titres de son père. Pour toute réponse, il n'obtenait que des rires gras et des coups.

— Pour l'amour du ciel, donnez-nous un peu d'eau, supplia le jeune moine d'une voix épuisée.

— Comment oses-tu implorer le ciel, chien d'infidèle !

Un coup de botte le heurta violemment au menton. Le goût du sang envahit sa bouche. Il chancela une fois de plus et s'écroula, traîné par les bras derrière la bête qui n'avait même pas ralenti l'allure.

En fin d'après-midi, ils atteignirent un village, ou du moins ce qu'il en restait. Toutes les habitations étaient éventrées, les toits effondrés, certaines brûlaient encore. Les murs de terre séchée avaient été pulvérisés. Le convoi traversa silencieusement ce champ de ruines parsemé de corps mutilés couverts de mouches. L'odeur âcre de chair brûlée prenait à la gorge. Guillaume découvrait l'horrible spectacle avec effroi. Quelques animaux domestiques erraient dans les décombres, reniflant les cadavres ; partout sur le sol s'étalaient poteries brisées, étoffes déchirées et meubles fracassés. Les fumées assombrissaient le ciel. Toute vie humaine avait été bannie de ces lieux.

Plus loin, au-delà du village, la colonne arriva en vue d'un campement précaire fait de tentes grossières. Même à cette distance, il était impossible de ne pas entendre. Le vent, qui changeait souvent de direction dans ces contrées au relief escarpé, apportait la rumeur plus ou moins claire mais toujours identifiable : les pleurs des enfants se mêlaient aux supplications des femmes. Au loin, Guillaume aperçut un grand enclos. Les prisonniers avaient été rassemblés et des gardes les encerclaient, juchés sur les barrières de fortune, fouettant l'air de leurs épées. Les hurlements des geôliers couvraient les plaintes.

Dans quel purgatoire Richard et Guillaume étaient-ils tombés cette fois ? Ceux qu'ils avaient pris pour leurs sauveurs s'avéraient aussi cruels et dangereux que leurs ennemis.

Le convoi passa entre deux postes avancés sous le regard haineux de gardes dépenaillés. Leurs vêtements sales, leur barbe en friche et leurs mains crasseuses serrées sur leurs armes ne correspondaient pas à l'idée que Guillaume s'était faite des croisés.

En tête de colonne, une voix puissante ordonna de faire halte. Les cavaliers mirent pied à terre, secouant la poussière de leur uniforme usé. L'enclos des prisonniers était juste à côté. Guillaume n'y vit aucun homme, juste des femmes, pour la plupart assez jeunes, et des enfants terrifiés.

Un des cavaliers arriva à la hauteur de Guillaume, accompagné d'un supérieur.

— Ils parlent notre langue, fit l'homme à son chef.

Puis en désignant Guillaume, il ajouta :

— Celui-là se tient à peu près tranquille, mais l'autre est un forcené, un vrai fanatique.

— Vous disiez qu'il y avait une fille ? s'enquit le gradé.

— Elle est derrière, et plutôt jolie pour une infidèle...

Alors qu'on le détachait, Guillaume vit deux autres gardes qui traînaient le corps inanimé d'Ayala vers l'avant de la colonne. D'instinct, il se précipita pour lui porter secours mais un coup à la poitrine l'arrêta en lui coupant la respiration. Il se courba en deux sous le choc.

— Si tu veux rester en vie, obéis, grogna le soldat.

Avec Richard, Guillaume fut amené au seuil de la plus spacieuse des tentes. Les chevilles du jeune chevalier étaient entravées et son visage portait la trace de nombreux hématomes. Il regarda Guillaume gravement.

— Ils me le paieront, grommela-t-il.

Ses mains tremblaient de rage, à moins que ce ne soit de douleur tant les cordes qui les liaient étaient serrées.

Ils furent poussés à l'intérieur sans ménagement. Ayala était étendue sur le sol, inerte. Un homme lui attachait les bras.

Dans la tente s'entassaient quelques caisses, des ballots et deux tonnelets. Contrairement à ce qui se faisait en campagne, aucune bannière, pas un blason n'était visible. Seul, sur une chaise au dossier rafistolé, un homme de belle carrure était assis, encadré de deux soldats dans un garde-à-vous approximatif. Le menton relevé, l'œil clair, les cheveux en bataille longs d'au moins une phalange et la peau burinée, l'homme examina les deux prisonniers. Guillaume et Richard faisaient peine à voir dans leurs grandes robes informes tachées de leur sang.

— On me dit que vous parlez notre langue, dit-il d'un ton rogue.

— Et pour cause, coupa Richard, je suis un Montbard et…

Le soldat qui se tenait derrière lui assena un coup de poing sur la nuque.

— Silence ! fit l'homme assis. Contentez-vous de répondre aux questions.

Il se leva et commença à marcher d'un bout à l'autre de la tente en se frottant le menton.

— Que faisiez-vous ainsi isolés, à guetter notre passage ? Vous nous espionniez ?

— Bien sûr que non, rétorqua Richard, c'est nous qui avons fait signe à vos hommes.

— Vous faisiez peut-être signe à vos complices… Et puisque vous prétendez être des nôtres, où est votre garnison, où sont vos uniformes ? Et que diable faites-vous avec cette femme ?

— C'est une longue histoire… commença Guillaume.

— Et sûrement aussi passionnante que mensongère, l'interrompit sèchement l'homme. Mais je n'ai pas le temps de l'entendre. Vous le savez certainement, vos complices nous harcèlent. Nous devons faire route vers Jérusalem pour retrouver le gros de nos troupes et embarquer. Le chemin vers l'ouest est coupé par vos hordes. Mais je vous garantis que nous allons nous en sortir. En plus de vous, nous avons des otages.

Guillaume comprit pourquoi les femmes et les enfants avaient été ainsi parqués.

L'homme eut un sourire rusé et ajouta :

— Des espions valent plus cher que des villageois. Nous n'allons pas vous tuer aujourd'hui. Vous ferez route avec nous. Nous vous interrogerons plus tard…

Puis, d'une voix plus forte, il ajouta :

— Fouillez-les et attachez-les près d'un poste de garde. S'ils essaient de fuir, brisez-leur les bras.

Le soleil déclinait et ils seraient bientôt à l'ombre. Ils en avaient rêvé durant des heures. Mais alors, ils grelotteraient de froid. Autour d'un pieu solidement planté, Richard, Guillaume et Ayala étaient ligotés. La jeune femme n'avait pas repris ses esprits mais Guillaume pouvait l'entendre respirer régulièrement, ce qui le rassura un peu. On leur avait bien donné à boire en fin d'après-midi, toutefois le goût de l'eau et le rire grossier du soldat leur avaient fait craindre le pire sur ce qu'elle pouvait contenir.

— Cette fille ne nous porte pas chance, grogna Richard en reniflant.

— Ayala n'y est pour rien et tu le sais très bien. Ce qui me fait honte par contre, c'est le comportement de nos troupes, ce qu'elles ont commis au village. De tous ces hommes décimés, aucun ne portait d'armes, c'étaient certainement des paysans.

Puis, la mort dans l'âme, il ajouta :

— Quand ils m'ont fouillé, ils ont trouvé le Sceau et le gilet. Ils me les ont pris. Dieu sait ce qu'ils vont en faire…

— Ce ne sont plus des croisés, ce sont des voleurs, lâcha Richard. Ce détachement est en perdition. Sous couvert de croisade, les hommes pillent et massacrent.

— S'ils ne nous tuent pas comme infidèles, grogna Guillaume, ils nous élimineront pour ne pas laisser de témoins de leurs crimes…

Deux gardes s'avancèrent d'un pas prudent, lances pointées, et poussèrent Ayala du pied sans provoquer la moindre réaction de la jeune femme. Ils vérifièrent la solidité des liens de Richard puis saisirent Guillaume par les aisselles. L'un des hommes leva son épée et l'abattit d'un coup sec sur la corde qui retenait le jeune moine.

— Le capitaine veut te voir, marmonna l'un d'eux.

La tente était plongée dans la pénombre. Près du capitaine, sur une caisse, posé à côté de l'unique chandelle, brillait le Sceau. L'homme fit signe aux soldats de sortir et resta seul avec Guillaume.

Dans le camp, les voix se faisaient plus étouffées, la nuit tombait. Les enfants dormaient, épuisés. Quelques-uns pleurnichaient encore faiblement, probablement de soif ou de faim.

— Dis-moi, mon ami, fit le capitaine d'un ton mielleux, qu'est-ce qu'un manant de ton espèce fait avec des joyaux de cette taille ?

— C'est un objet sacré, il ne m'appartient pas, répondit le jeune homme en essayant de garder son calme.

— Il ne t'appartient plus, j'en suis bien certain, puisqu'il est à moi désormais.

— Vous ne pouvez pas...

— Je peux ! éructa-t-il d'un ton glacial. Et quiconque me désapprouve est puni de mort.

Guillaume resta muet. L'homme se laissa tomber sur son siège et saisit le précieux anneau qu'il fit jouer entre ses doigts.

— Maintenant, confie-moi ton secret, fit-il, radouci. C'est une offrande pour un puissant ? Un gage, une rançon ? Tu l'as déniché dans un trésor ? Sais-tu où l'on peut s'en procurer d'autres ?

— Il est unique. C'est le seul.

L'homme soupesa le bijou et, d'un air finalement satisfait, conclut :

— Ce n'est déjà pas si mal. À Tripoli, je n'aurai aucune difficulté à le négocier.

19

Guillaume ne parvenait pas à trouver le repos. Dans le camp, la plupart des soldats dormaient en ronflant bruyamment. De temps à autre, un enfant pleurait dans l'enclos voisin et aussitôt, le chant apaisant d'une mère montait dans la nuit étoilée. À cette heure tardive, les gardes ne hurlaient plus sur les pauvres petits.

Le jeune homme s'était affalé, à demi replié sur lui-même. Richard claquait des dents dans son sommeil, le vent s'engouffrait par sa djellaba déchirée. Guillaume avait appuyé son visage contre le poteau, à quelques pouces de celui d'Ayala qu'il contemplait dans la faible clarté d'un mince croissant de lune. Jamais il n'avait eu le loisir de l'observer d'aussi près. Fourbu, il hésitait entre l'envie de s'endormir et le désir de la dévisager, de graver les moindres détails de sa beauté au plus profond de son esprit. Ainsi assoupie, la respiration régulière, elle semblait apaisée. Ses longs cils étaient blanchis de poussière. Ses traits fins et sa bouche délicatement entrouverte dessinaient une image idéale. Les rayons de lune, qui teintaient tout d'une lumière pâle et bleutée, en faisaient une gravure semblable à celles que Guillaume avait parfois vues de la Vierge. Elle avait l'immobilité et la splendeur d'une icône, la douce luminosité d'un vitrail.

Jamais il n'oublierait ces instants. À cette heure indue, les soucis et les enjeux semblaient reculer pour laisser la place à d'autres sentiments. Comme sur le bateau lors de la grande traversée, il oubliait sa vie et contemplait la jeune femme sans entrave. Dans cette solitude, au cœur de cette parenthèse hors du temps, il pouvait enfin ressentir. Pour lui, malgré tout, elle ne serait jamais une traîtresse, jamais une infidèle, jamais une ennemie. Elle le fascinait. Ainsi proches, lui éveillé et elle endormie, il pouvait se dire qu'il veillait sur elle. Il la protégeait et se prenait à rêver qu'elle s'était assoupie aussi près de lui parce qu'elle l'avait voulu...

Guillaume alla même jusqu'à prier pour elle et implorer la protection du Très-Haut alors qu'elle était censée être une ennemie. Était-ce la brise fraîche de la nuit ou les pensées du jeune homme, mais Ayala esquissa un mouvement. Comme émergeant d'un rêve, elle gémit puis prit une inspiration qui semblait ne jamais vouloir finir. Elle ouvrit les yeux et se trouva nez à nez avec Guillaume. Elle voulut s'écarter mais ses liens l'en empêchèrent.

— Que s'est-il passé ? demanda-t-elle, à demi réveillée.

Guillaume répondit à ses questions. Il lui fit le récit de tous les événements depuis la grotte.

— Sauvez-vous, murmura-t-elle quand il eut terminé. Ils me tueront. N'essayez pas de me libérer, c'est inutile.

— Ne dites pas cela, je ne veux pas vous entendre parler ainsi. Ce n'est pas la première fois que nos destins semblent compromis. Nous nous en sommes toujours sortis.

La jeune femme sourit avec lassitude.

— Vous êtes gentil, Guillaume. Mais vous n'y croyez pas non plus.

Le jeune homme ne savait que répondre. Trop de sentiments se bousculaient en lui. Pour la première fois, elle l'avait appelé par son prénom... Si étonnant que cela puisse paraître, c'était à ce moment même la chose la plus importante.

Un ordre hurlé par un soldat les tira tous les trois brutalement du sommeil peu avant l'aube. L'homme profita de ce qu'ils n'étaient pas bien réveillés pour les détacher du poteau et les entraîner par leurs liens comme des animaux à la foire.

Dans le camp régnait une agitation de départ. Les tentes avaient été repliées, les feux dispersés, les cavaliers étaient déjà en selle et patrouillaient nerveusement autour des femmes et des enfants otages.

Le capitaine s'approcha des trois captifs et leur dit :

— Vos complices ne sont plus loin, nous devons lever le camp.

Le gousset en cuir qui pendait à son cou, à peine caché par sa cotte de mailles déchiquetée, n'échappa pas à Guillaume. Comme galvanisé par cette vision, il eut soudain une idée.

Un soldat les poussa vers la colonne de cavaliers qui se formait. Déjà on les séparait, Ayala était emmenée à l'écart et jetée au milieu des autres prisonnières. Comme un vulgaire troupeau, elles étaient rassemblées à coups de pied ou de lance. Certaines serraient dans leurs bras leurs enfants apeurés.

Guillaume avait dans le regard une étincelle de malice. Il souriait presque, malgré le soldat qui le malmenait pour l'attacher à la selle d'un cheval.

Le convoi s'ébranla péniblement. À grand renfort de cris et de claquements de fouet, la caravane finit par prendre un rythme lent mais régulier. Le capitaine ouvrait la voie, précédé d'une demi-lieue par trois éclaireurs. Derrière s'étirait le long cortège des hommes, des prisonniers et des chevaux chargés de peu de biens. Les derniers progressaient dans le nuage de poussière des premiers.

La marche devint épuisante avec la montée du soleil. Dans ce pays sans ombre, sans arbre, ses rayons accablaient. Les pistes étaient parfois sablonneuses et l'avance s'en trouvait ralentie. Tous souffraient d'avoir à marcher dans ce sable fin où le pied s'enfonçait. Le capitaine avait choisi de suivre une piste parallèle à celle habituellement empruntée pour le commerce et le transit. Il redoutait les confrontations et puis, par ces chemins détournés, ils découvriraient de petits villages qu'ils pourraient piller et mettre à sac sans rencontrer de résistance…

Guillaume ne bronchait pas. Il marchait derrière le cheval dont il ne voyait que la croupe. Décidément, il n'aimait pas ces animaux. Il écoutait les commentaires des soldats avec attention et peaufinait son plan… À la première halte, il demanderait à parler au capitaine et tenterait le tout pour le tout.

Ils ne croisèrent aucun village, ce qui évita probablement de nouveaux massacres. Lorsque l'ordre de s'arrêter retentit enfin, Guillaume avait eu le temps de penser à chaque détail, à chaque éventualité. Il n'avait plus de doute sur la réussite de son stratagème insensé.

— Soldat, interpella-t-il. Dites à votre capitaine que j'ai changé d'avis et que je veux bien lui dire où il peut en trouver d'autres.

L'homme lui rit au nez et fit mine de le frapper.

— Ne fais pas cela, malheureux, dit le jeune homme sans se laisser intimider. Ton chef me vengerait lui-même.

Le garde fut pris d'un doute et suspendit son geste. Il jaugea le prisonnier, grogna et tourna les talons vers l'avant du convoi. Guillaume profita de ce court répit pour tenter d'apercevoir Ayala et Richard. Du groupe d'otages ne se dégageait qu'un épais nuage de poussière dû au piétinement. La jeune femme était invisible. Richard, lui, était agenouillé, épuisé par les heures de marche. Il avait le visage baissé et même plus assez d'eau en lui pour suer malgré l'étouffante chaleur.

Le soldat revint et détacha Guillaume.

— J'espère pour toi que tu ne le déranges pas pour rien, ricana-t-il. Il est d'humeur à tuer…

Le capitaine était affalé contre un rocher, cherchant une frange d'ombre en renversant sa gourde bien à la verticale pour en recueillir les précieuses dernières gouttes sous l'œil jaloux de ses hommes.

— Éloignez-vous tous, fit-il d'un ton sec.

Les soldats s'exécutèrent avec des regards noirs.

— Le soleil t'aura fait réfléchir, lança le capitaine en pointant un index menaçant sur Guillaume. J'avais donc vu juste hier soir, tu connais l'emplacement d'un trésor. Tu es un menteur.

— Je n'ai pas menti. Je ne sais rien d'un trésor comme celui dont tu parles pour le moment, mais, par contre, j'ai le moyen d'en trouver…

— Et comment ?

— La pierre donne des pouvoirs et je suis magicien.

— Que me chantes-tu là ? fit l'homme en se redressant.

— Je vous ai dit qu'elle était sacrée, et je connais ses secrets. Par mon entremise, la pierre peut vous offrir ce que vous cherchez et même vous sauver.

— Te voilà bien effronté. Ton existence tient à mon bon vouloir et tu parles de me sauver ? Soit tu es fou, soit tu es un sorcier.

— Vous jugerez.

— Quels sont les pouvoirs de la pierre ?

— Grâce à elle, je peux faire apparaître de l'eau, des armes, vous placer en sûreté et vous conduire sain et sauf à Jérusalem.

Le regard du capitaine hésitait entre incrédulité et convoitise. Il finit par lâcher :

— Si tu mens, je vous tuerai moi-même, toi et les tiens.

— Vous serez témoin des pouvoirs de l'anneau, mais…

— Quoi donc ?

— … chaque chose a son prix, capitaine.

— Impudent ! râla l'homme en dégainant son épée.

Tous ses hommes accoururent et encerclèrent Guillaume. Le jeune homme n'avait plus le choix. Il devait aller jusqu'au bout.

— Peut-être voulez-vous partager ce que vous venez d'apprendre avec eux ? lança-t-il.

— Tout va bien, fit à contrecœur le capitaine à ses soldats, retournez à vos postes.

Puis il s'approcha de Guillaume et lui murmura à l'oreille, les dents serrées :

— Ne t'avise plus jamais de me défier.

— Vos hommes meurent de soif, les chevaux n'iront plus très loin. Les ennemis sont partout. Ferez-vous l'économie d'une aide providentielle ?

— Que demandes-tu pour accomplir tes miracles ?

— La vie sauve pour mon compagnon et la jeune femme, et la restitution de l'anneau sacré et du gilet.

— Hors de question, trancha l'homme. Votre survie dépendra de ta réussite et le bijou est à moi.

— Sans la pierre, je ne peux rien, je ne fais qu'utiliser ses pouvoirs.

— Enseigne-moi ! Apprends-moi ta magie !

— Impossible, vous n'êtes pas magicien. Vous ignorez tout des sciences occultes, des secrets du monde...

Le capitaine hésita longuement. Il plongea la main sous sa cotte de mailles, extirpa le gousset de cuir et le tendit à Guillaume.

— Éblouis-moi, magicien. Parce que si tu as menti, sur la Sainte Croix, je jure que tu le paieras.

20

— Tu as perdu la raison, je ne vois pas d'autre explication. Aller prétendre que tu es magicien… Toi, un moine !

Masqués derrière un manteau pour dissimuler leur utilisation du Sceau, Guillaume et Richard s'affairaient au soleil loin de la troupe. Le capitaine avait pris soin d'exposer Ayala à leur vue, un couteau sous la gorge, au cas où il leur prendrait l'envie, selon ses propres dires, d'accomplir un sortilège…

— Dépêche-toi, insista Richard, j'espère qu'il y a une cache tout près, sinon je ne donne pas cher de nos vies.

— Ne t'énerve pas, fit Guillaume en enfilant l'anneau.

Les miroirs se mirent en place et les points de lumière diffractée firent leur apparition sur la carte. Richard essaya de situer leur position, en sortie de vallée, au sud-est de Darende.

— Ici, cria le jeune chevalier en pointant la carte. Il nous faut prendre vers le sud et dans les contreforts des massifs montagneux, il y a un point d'eau et une cache.

— Nous pouvons sans doute y être avant la nuit, suggéra Guillaume.

— Il le faut, toutes les gourdes sont à sec, les enfants n'ont plus rien à boire et ces brutes ne se privent pas pour eux.

Sans comprendre le revirement de situation, les hommes virent l'étonnant spectacle de ce prisonnier et de son « assistant » qui conversaient d'égal à égal avec leur capitaine. La rumeur courait déjà que le jeune homme était magicien et qu'il avait pactisé avec les démons pour aider les chrétiens…

Ayala avait fait passer la nouvelle d'un prochain point d'eau. C'est avec cet espoir que chacun reprit la route. Étrangement, en cette fin d'après-midi, geôliers et otages avaient le même but. Ils avançaient en silence, sans cris, sans coups, mus par une même soif.

À l'horizon se découpait une ligne plus sombre. La procession approchait d'un relief, peut-être un plateau étant donné l'absence de sommets. Il n'y avait rien de plus terrible et de plus fatigant que d'avancer sans repère, dans un paysage monotone, sans aucun point pour mesurer la distance parcourue.

Alors que les ombres commençaient à s'allonger au soleil déclinant, Guillaume repéra la première borne de localisation. Le signe codé propre aux religieux gravé à flanc de rocher ne laissait aucun doute : ils n'étaient plus très loin. À mesure qu'il découvrait les bornes, Guillaume réorientait la troupe, déconcertant le capitaine qui, lui, n'avait rien vu…

— Comment peux-tu savoir qu'il y a une source par ici ? interrogea-t-il d'une voix qui se voulait autoritaire.

Guillaume ménagea son effet. Il lança un clin d'œil à Richard, étendit les bras en croix et leva les yeux vers le ciel en prenant un air inspiré.

— Je la sens, je la devine, elle vient à moi !

Richard faillit exploser de rire. Le capitaine ouvrit de grands yeux où se lisait à présent la crainte.

Lorsque Guillaume découvrit la borne gravée suivante, il fit mine de ressentir les courants de l'univers pour avoir le temps de la déchiffrer. Le message était clair : à vingt pas, à droite, sous l'éboulis, un puits et autre chose…

D'un geste théâtral, il fit stopper la colonne. Le jeune moine, avec des gestes pleins d'emphase, fit semblant d'hésiter. Il s'avança, le capitaine sur ses talons. Il tourna dans la faille selon les indications de la borne. Richard imposa le silence et tout le monde lui obéit. Le cœur de Guillaume battait à tout rompre : s'il ne trouvait rien qu'un puits sec ou empoisonné, il serait mis en pièces et les enfants mourraient de soif. Il écarta des broussailles sèches et découvrit un petit abri peu profond taillé à même la roche, au centre duquel trônait un puits en pierre de taille recouvert d'un couvercle de bois.

Le capitaine aurait voulu se jeter dessus mais n'osa pas bousculer son étrange guide. Guillaume souleva le couvercle et y jeta une pierre. Un plouf ne tarda pas à résonner. Le jeune homme refréna sa joie et déclara sobrement :

— Par le pouvoir de la pierre et la magie céleste, voici ce que je vous ai promis.

Le capitaine vérifia puis, exultant de joie, se précipita vers le convoi en courant.

— De l'eau, de l'eau, nous avons de l'eau ! hurla-t-il.

— Ce n'est pas tout, renchérit Guillaume, qui, sans rien ajouter, s'aventura sur le versant.

Il y découvrit une pierre gravée en forme de croix. Il demanda aux hommes de creuser la paroi. Rapidement, ils mirent au jour un large panneau de bois qui faisait office de porte. Une fois celui-ci dégagé, ils se heurtèrent à un fagot de torches.

Guillaume aurait donné cher pour savoir jusqu'où allait ce long couloir aussi large que sombre creusé dans la colline. Le capitaine arriva, fit allumer les torches et s'y engagea avec deux de ses hommes et celui qu'il appelait désormais le magicien. Après un corridor assez long pour aligner dix chevaux, ils débouchèrent dans une salle où s'entassaient paillasses, fourrage, épées et lances, cottes de mailles, flèches et arcs, bannières et une dizaine de caissettes closes. Le capitaine se rua sur les caisses et en ouvrit une en se servant de son épée comme d'un pied-de-biche. Le battant de bois sec vola en éclats. Lorsqu'il découvrit la viande séchée soigneusement enroulée dans les linges huilés et salés, il ne put retenir un cri de joie.

— Par quel sortilège tout ceci se trouve-t-il ici ? Tes pouvoirs sont grands ! lança-t-il à Guillaume.

Un garde fit remarquer que les otages ne devaient surtout pas voir les réserves, sur quoi le capitaine acquiesça d'un mouvement du menton.

— Ils devront pourtant manger, fit Richard qui les avait rejoints.

Le capitaine sursauta et rétorqua aussitôt :

— Seulement s'il y en a trop pour nous...

Puis à l'intention d'un de ses lieutenants, il ordonna :

— Choisis ceux qui monteront la garde pour le premier quart. Fais surveiller les femmes et veille à ce qu'elles n'approchent pas. Vous leur apporterez de l'eau quand nous aurons mangé.

En se frictionnant le ventre, il ajouta :

— Nous allons faire un véritable festin...

Guillaume promena un regard illuminé sur le contenu de la cache. Richard décida de sortir pour tempérer la hargne des gardes qui seraient condamnés à garder les otages.

La soirée fut plus douce. Le puits était plein et chacun put boire à sa soif. Ayala s'occupait des femmes captives et des enfants, Guillaume et Richard l'aidaient. Les deux jeunes gens pouvaient aller et venir comme bon leur semblait dans le campement. Il y avait bien toujours un garde pour leur jeter un regard soupçonneux mais le mépris avait disparu.

Ayala demeura avec les femmes, tenant un enfant dans les bras. Elle se dressait, le regard perdu vers l'infini, pensive et triste. Richard alla prudemment vers elle et resta un moment debout à ses côtés avant qu'elle ne le remarque.

— Oh ! s'exclama-t-elle, vous m'avez fait peur.

L'enfant commença à gémir. Dans sa langue, elle l'apaisa aussitôt de quelques douces paroles.

— Vous êtes malade ? lui demanda Richard.

— Seulement épuisée, comme nous tous.

Puis après une hésitation, il reprit :

— Vous vous demandez quel jeu joue Guillaume.

Elle sourit doucement.

— Je crois son âme pure même si ses méthodes me déconcertent parfois. J'ignore quel jeu il joue mais je suis sûre qu'il est juste. En attendant, il aide bien ces barbares et il ferait pourtant mieux de songer à ces enfants et à ces femmes…

— Vous avez raison, répondit Richard en regardant la jeune femme pour la première fois dans les yeux.

La nuit était tombée, le vent était beaucoup plus froid que la veille. Groupés autour d'une unique torche, les femmes et leurs enfants tentaient en vain de se réchauffer. Les petits faisaient peine à voir, décharnés, souvent enroulés dans un simple linge sale, blottis contre leur mère, leurs yeux sombres emplis de crainte.

— Beaucoup sont malades, fit-elle. Certains ne survivront pas à une nouvelle journée de marche dans ces montagnes.

Richard balaya du regard le pauvre groupe. Les visages épuisés, terrifiés, les yeux implorants, creusés.

— Que dois-je faire ? demanda le jeune homme.

— Si je le savais, je le ferais, lui répondit la jeune femme en caressant la tête du petit qui commençait à s'endormir contre elle.

Richard lui posa la main sur le bras en signe de réconfort, puis d'un mouvement décidé, il se releva et s'éloigna vers la caverne à grands pas.

Guillaume saisit une lanière de viande que lui tendait le capitaine et avala une rasade d'eau. Les gardes riaient et regrettaient qu'il n'y ait pas un tonnelet d'alcool. Les flammes des torches avaient chauffé l'unique pièce et Guillaume décida de sortir prendre le frais.

La nuit était claire, les étoiles innombrables. Le vent soufflait dans les branches des arbres. Guillaume passa devant les soldats de faction sans même qu'ils lui prêtent attention. Il remonta un peu sur la pente et, alors qu'il hésitait sur l'endroit où s'installer pour finir sa ration, une main le saisit violemment par le cou et l'entraîna derrière un buisson. Il fut plaqué de force contre un tronc et découvrit le visage furieux de Richard.

Surpris, le jeune frère hoqueta et faillit s'étrangler avec sa viande, puis il se ressaisit et demanda à son compagnon qui le tenait toujours fermement par le haut de sa robe :

— Et où étais-tu ? Il y a à manger. Tu en fais, une tête…

Richard contenait sa colère avec difficulté.

— Pendant que tu t'empiffres, les petits sont en train de mourir de faim !

— Je vais arranger ça, coupa Guillaume en s'apprêtant à héler un garde.

Richard lui mit sa main sur la bouche pour l'empêcher de parler.

— Mais, qu'est-ce que tu crois ? Qu'est-ce qui t'arrive ? Ces types sont des assassins, des traîtres. Et tu devises avec leur chef comme si tu étais des leurs !

— J'ai quand même sauvé notre expédition ! protesta Guillaume.

Richard crut exploser.

— *Tu!* Mais, tu perds la raison ! Par moments je me demande si tu ne commences pas à y croire, à ta magie !

— Le fait est que…

Sans lui laisser le temps de poursuivre, Richard lui administra une gifle retentissante puis le saisit aux épaules avec une poigne telle que le jeune frère ne pouvait plus bouger.

— Écoute-moi bien, mon ami, siffla Richard entre ses dents serrées. Le Sceau nous a sauvé la vie, pas toi. Il ne doit pas servir à aider ces crapules. Tu oublies pourquoi nous sommes là, ce que nous avons à faire. Même Ayala ne te comprend plus !

Cette dernière phrase, plus que toute autre, fit son effet sur le jeune homme. Il ouvrit la bouche mais resta silencieux, sonné.

Richard reprit :

— Tu vas me faire le plaisir de te ressaisir, tu vas te servir de ton influence sur ces barbares pour qu'ils libèrent les femmes, pour qu'ils arrêtent de piller et de tuer, tu ne leur feras profiter des secrets du Sceau que pour les conduire plus vite à la première forteresse croisée où je me fais fort de les faire arrêter et exécuter comme les criminels qu'ils sont. En attendant ce moment de justice, ne te sers pas du Sceau pour les armer, pour les engraisser et pour les protéger. Ces caches ont été créées pour des hommes de foi qui se battent dans l'honneur. Chaque bouchée qu'un de ces bâtards avale manquera sûrement un jour à un brave. Ne l'oublie plus !

Dans l'obscurité, Richard crut voir une larme couler sur la joue de son compagnon. Guillaume sanglotait.

— Pardon, murmura-t-il d'une voix brisée.

— Tu ne me dois pas d'excuses, lui fit Richard en relâchant son emprise. Nous devons nos vies au Sceau des Maîtres et il peut en sauver d'autres, à nous de bien faire.

Richard s'éloigna seul dans la nuit, laissant Guillaume à sa conscience.

Les tractations durèrent jusque peu avant l'aube. Guillaume n'avait manqué ni de conviction ni d'énergie, mais cela n'avait pas été simple. Il avait obtenu de la nourriture et plus d'eau pour les enfants, la permission de faire du feu pour réchauffer les plus faibles malgré le risque réel de se faire repérer. Le capitaine n'avait cédé que pied à pied, ne se pliant aux demandes du jeune homme qu'avec une infinie réticence. Il est vrai que depuis deux jours, l'escouade ennemie qui semblait les suivre avait disparu. Mais ce n'était pas le seul argument : Guillaume avait invoqué la magie de la pierre, la grandeur de Dieu, la vie, la mort, tout ce qui lui passait par la tête.

Faisant preuve d'une psychologie qu'il n'avait jamais autant utilisée, il avait joué de tous les traits de caractère du capitaine : l'orgueil, la cupidité, la peur… À aucun moment, le jeune frère n'avait compté ni sur la pitié du mercenaire, ni sur son sens de la justice. C'est au troisième changement de garde qu'il obtint pour Richard et lui des vêtements militaires. La générosité du capitaine n'était pas mise à contribution, loin de là. Guillaume sollicitait simplement le droit de prélever quelques hardes découvertes dans les caisses de la cache. C'est avec regret que le gradé se laissa amputer de cette part de butin pourtant dérisoire.

Mais le plus beau morceau, Guillaume l'emporta deux tours de garde plus tard, peu avant que les premiers rayons du soleil ne fassent rosir le levant. Il avait gardé le plus dur pour la fin. Prisonnier depuis moins de deux jours, ce qu'il avait réussi à faire décider au capitaine tenait réellement du miracle. Il était si content de lui et si léger qu'il n'attendit pas plus longtemps pour aller l'annoncer à Richard. Le capitaine, épuisé, alla se reposer, l'esprit enfiévré des promesses de la pierre. Guillaume enfila ses nouveaux habits et quitta la caverne, tout heureux de remarcher normalement. Le jour n'étant pas encore levé, le jeune homme eut beaucoup de mal à trouver Richard. Dans chaque recoin, il y avait des corps endormis, recroquevillés pour se protéger du froid.

Coincé entre deux rochers, la tête protégée par ses bras, celui-ci sommeillait paisiblement. Guillaume le secoua doucement. Richard se retourna et faillit se cogner dans un bloc rocheux. Il émergea avec peine.

— Que se passe-t-il ? demanda le jeune chevalier d'une voix encore enrouée.

— J'ai des vêtements pour nous, fit Guillaume. Je crois qu'ils seront à ta taille.

Il jeta le paquet roulé aux pieds de Richard. Le jeune homme s'extirpa aussitôt de son recoin et déplia les habits.

— Merci. Ce ne sera pas du luxe, je n'en peux plus de cette robe.

Dans le vent du matin, Richard se changea. Il enfila l'ample chemise de coton, la paire de pantalons de toile épaisse, le gilet de cuir brun des hommes de service des chevaliers.

— C'est un uniforme de serviteur mais je préfère encore cela, fit-il, amusé, en bouclant le large ceinturon au baudrier vide. J'ai su que tu avais obtenu des vivres et de l'eau pour les autres prisonniers, j'en suis heureux. j'espère que tu n'as pas fait de promesse intenable en échange.

— Juste une.

Richard releva les yeux et fixa Guillaume, inquiet.

— Laquelle ?

— Toi et moi devrons rester avec le capitaine jusqu'à son embarquement pour le guider et le protéger.

— Il doit espérer que tu lui trouveras quelque trésor également.

— Probablement, répondit le jeune frère. Mais il n'a pas promis que cela…

Guillaume souriait à la lueur de l'aube naissante.

— Le capitaine s'est engagé à libérer tous les prisonniers ce matin. Les femmes et les enfants seront libres lorsque nous lèverons le camp.

Richard était stupéfait. Guillaume s'expliqua :

— Je lui ai dit que les otages retardent notre avance, que puisque plus personne ne nous poursuit, nous n'en avons plus besoin. Il reste au moins quatre jours de marche avant le premier port franc, nous devons aller vite. Et puis nous restons tous les deux avec eux, moitié prisonniers, moitié guides... Voilà.

Richard contempla son ami de la tête aux pieds et s'avança vers lui. Il le prit dans ses bras et l'étreignit puissamment.

— Je suis fier de toi, moinillon. L'as-tu annoncé à Ayala ?

— Je voulais te prévenir d'abord.

— Alors, allons-y.

La nouvelle se répandit en un éclair. Les femmes criaient de joie et même parmi les soldats, le soulagement était réel. Ils n'auraient plus à surveiller ce troupeau geignard et pleurnicheur. Ayala serrait les enfants contre elle, les femmes lui touchaient les bras. Dans sa liesse, elle remercia Richard avec effusion puis sauta au cou de Guillaume. Le jeune homme, surpris, faillit perdre l'équilibre.

— Merci, fit la jeune femme, merci pour eux.

La mine de Guillaume s'assombrit soudain. La jeune femme recula.

— Vous êtes libre de partir vous aussi, déclara le jeune homme. Seuls Richard et moi devons rester.

Ayala parut surprise. Guillaume reprit :

— Vous n'avez pas à rester. Vous nous avez sauvé la vie au palais de votre frère, nous sommes quittes...

Ayala s'avança et lui prit doucement la main.

— Je ne vous quitte pas, dit-elle d'une voix grave. Vous avez promis de leur servir de guides mais vous ne tiendrez pas longtemps. Il faut connaître cette terre. Sans moi, vous êtes perdus.

— Nous avons réussi jusqu'ici...

Elle laissa glisser la main du jeune homme.

— Votre cristal n'a pas la réponse à tout, insista-t-elle timidement en regardant Guillaume droit dans les yeux.

Les deux hommes ne réussirent pas à masquer leur surprise.

— Vous saviez pour le Sceau ! s'exclama Richard.

— Je vous ai vus l'utiliser lorsque vous l'avez découvert, à la grotte aux tombes, raconta-t-elle avec franchise. Vous pensiez que j'étais encore inconsciente, mais j'étais cachée. Il ne m'a pas fallu longtemps pour comprendre... Je n'ai pas vu votre carte et je ne sais pas quelles informations elle contient, mais je suis certaine que ce ne sera pas toujours suffisant. De toute façon, je ne veux pas vous quitter.

Guillaume semblait soulagé d'entendre cela et Richard savait ce qu'une séparation aurait coûté à son ami. Sans l'avouer, il était heureux qu'Ayala reste. Richard songea que pourtant, un jour, il faudrait que Guillaume la quitte…

Le départ approchant, les femmes s'éloignèrent par petits groupes en direction de la vallée. Certaines, avec leurs marmots dans les bras, faisaient de grands signes d'adieu à Ayala. Les soldats vaquaient, indifférents à ceux qu'ils martyrisaient la veille encore.

Le capitaine surveillait les préparatifs du départ, bien décidé à ce que l'avance soit d'autant plus rapide qu'ils se débarrassaient d'un fardeau.

La caverne fut à nouveau dissimulée sous son manteau de terre après que les hommes eurent intégralement chargé ce qu'elle contenait.

Ayala eut du mal à se mettre en route. Elle resta comme chaque matin la dernière à regarder le paysage qu'ils quittaient. Elle s'assit un moment, les mains caressant le sol, jusqu'à ce que Guillaume vienne la chercher. En l'entendant l'appeler, elle se leva aussitôt et courut à sa rencontre.

C'est une troupe d'une vingtaine d'hommes qui prit donc la route du sud en début de matinée. Ayala était désormais la seule femme et cela ne semblait pas l'impressionner outre mesure. Le convoi chemina à travers des paysages où la végétation se faisait de moins en moins rare. Le capitaine savait que la piste principale, qui passait à quelques lieues plus à l'ouest, offrait un point d'eau réputé. C'est probablement là que les infidèles les attendaient, convaincus qu'ils devraient y faire halte. Mais les outres et les gourdes étaient pleines et ils ne tomberaient pas dans leur piège. À la pensée de leur rage, le capitaine sourit. Depuis deux soirs, aucun des gardes n'avait plus repéré d'Arabes sur leurs traces. Peut-être avaient-ils tout misé sur une visite obligée au point d'eau de la grande piste... La rencontre n'aurait donc pas lieu.

En silence, sous un soleil accablant, tous marchaient sur les pistes étroites. Mais s'ils avançaient ensemble, chacun poursuivait son but : le capitaine espérait l'or avant la fuite vers l'occident, Richard attendait de pouvoir venger l'affront que ces barbares faisaient subir à l'esprit chevaleresque, Guillaume savait qu'il s'approchait du mystérieux point vert émeraude qu'indiquait le Sceau et Ayala patientait jusqu'à la prochaine pause. Comme chaque fois, elle laisserait inscrit dans la poussière du sol un message à l'intention de son frère qui, avec une poignée d'hommes, la suivait comme une ombre depuis deux jours...

21

L'expédition progressait beaucoup plus rapidement sans les otages. Le capitaine, avec une belle mauvaise foi, se félicitait régulièrement d'avoir pris l'excellente décision de les relâcher. Le premier jour, le ciel avait été incertain. En quittant les hauts plateaux pour la vallée d'Alep, la troupe avait même essuyé un orage. De brûlante, la chaleur était peu à peu devenue étouffante. Au sol, la terre avait remplacé le sable et des arbres dignes de ce nom couvraient à nouveau les reliefs. Des hommes prétendaient même avoir entendu du gibier détaler dans les fourrés.

À quelques minutes derrière les cavaliers éclaireurs, Guillaume et Richard marchaient en tête, côte à côte, en silence. À première vue, plus rien ne les distinguait de leurs geôliers. Ils avaient la peau burinée et les yeux bordés de petites rides à force de les plisser face au soleil. Ayala suivait, trop fière pour accepter le cheval que Guillaume avait négocié pour elle. Le rythme de marche soutenu semblait lui peser, elle parlait moins, restait souvent à l'écart durant les pauses, seule, le visage caché dans sa capuche, le regard perdu vers l'horizon…

La petite troupe n'avait rencontré que des bergers et quelques marchands ambulants dont les mercenaires avaient pillé les maigres biens. La plupart ne résistaient pas, comme s'ils étaient habitués. Ils se répandaient en lamentations sur la terreur qui régnait plus au sud.

L'armée de Saladin remportait victoire sur victoire et faisait des ravages. À défaut de pouvoir contre-attaquer efficacement, les croisés reculaient vers le sud et se vengeaient. Alep était tombé ainsi que les ports du Nord, Samandag et surtout Latakieh. Le capitaine était donc condamné à descendre toujours plus pour espérer trouver un port neutre, évitant comme la peste les villes arabes par peur d'être tué et les fortins croisés par crainte d'être enrôlé dans une croisade qui n'avait jamais été la sienne, ou pire encore, arrêté et exécuté comme traître…

Grâce aux précieuses informations du Sceau, la petite troupe avait pu continuer sa marche en évitant toutes les villes de garnison. Chaque jour, Guillaume découvrait les puits et les caches à l'écart des zones dangereuses, offrant ainsi gîte et ravitaillement.

C'est au cinquième jour qu'ils assistèrent à la terrible scène pour la première fois. En marchant à flanc des montagnes du djebel ash Shargi, ils surplombaient la vallée qui s'étendait jusqu'à la Méditerranée. Le temps clair leur offrait un point de vue remarquable jusqu'à la côte. Le capitaine avait projeté de redescendre vers la mer en direction de Beyrouth et de son vaste port ou, s'il y avait trop de risques, sur Tyr, seulement distante d'une demi-journée de marche au sud. Le soleil était haut. Richard avait d'abord cru à des nuages d'un genre inconnu dans sa Bourgogne natale mais il lui fallut bientôt se rendre à l'évidence : ce qui assombrissait le ciel venait de la grande ville en bord de mer. Des colonnes de fumée dense s'élevaient dans les airs et noircissaient le ciel à des dizaines de lieues à la ronde.

— Beyrouth est en feu. Nous ne pourrons pas y aller… murmura Guillaume, horrifié.

— Combien de temps va-t-il falloir attendre ? se demanda Richard à voix haute.

— Attendre quoi ? interrogea Guillaume.

Richard désigna le capitaine et ses hommes d'un mouvement méprisant du menton.

— De livrer ces renégats à nos seigneurs…

— Patience, ce n'est pas notre premier enjeu.

Ayala avait elle aussi les yeux rivés sur le chaos que les fumées trahissaient.

— Il ne doit pas rester grand-chose, dit-elle d'une voix lasse.

— Les Arabes sont partout, fit Richard avant même de prendre conscience de ce qu'était celle à qui il parlait.

— Ils sont chez eux ! rétorqua la jeune femme d'un ton vif.

— Pour l'amour du ciel, ne nous querellons pas entre nous ! trancha Guillaume. Nous avons suffisamment de problèmes comme ça !

— Nous allons continuer vers le sud par les crêtes ? demanda innocemment Ayala.

— Au moins jusqu'à Saint-Jean-d'Acre. Il n'y a que là-bas que nous avons encore une chance de trouver un port ayant résisté à l'offensive. Il nous faudra au moins une journée de marche, précisa Guillaume.

— Une fois arrivés, vous me livrerez comme eux ? demanda la jeune femme d'une voix blanche.

Surpris, Richard et Guillaume se retournèrent vers elle dans un même mouvement.

— Pourquoi voulez-vous que nous fassions cela ? demanda Richard.

— Il n'en est pas question ! renchérit Guillaume, choqué qu'elle ait pu les croire capables d'une pareille traîtrise.

— Après tout, je ne suis qu'une Arabe, et une femme. Pourquoi me sauveriez-vous ? dit-elle amèrement. Vous avez votre Sceau, vous allez repartir…

Guillaume aurait voulu trouver les mots, lui répondre sur-le-champ, mais il resta bouche bée, le cœur serré.

— Si nous avions voulu nous débarrasser de vous, nous aurions pu le faire avant, objecta sincèrement Richard.

— Nous n'avons aucune raison de vous vouloir du mal, ajouta Guillaume d'une voix émue.

— Je connais le secret du Sceau, je pourrais vous confondre si nous tombions sur les troupes de Saladin.

Guillaume et Richard se jetèrent un regard interloqué.

— Que cherchez-vous au juste ? demanda Richard, on dirait que vous voudriez que l'on se méfie de vous…

— J'essaie d'entrevoir mon destin, répondit la jeune femme laconiquement. Je le vois sombre comme ces fumées qui envahissent le ciel. J'ai peur de ce qui va m'arriver. Je suis loin des miens et la guerre nous encercle, chaque jour plus proche...

— Ne vous inquiétez pas, tenta de la rassurer Guillaume, nous resterons amis.

Le mot se perdit dans le souffle du vent léger et, sans avoir répondu au sourire du jeune homme, Ayala s'éloigna.

C'est avec dépit que le convoi reprit sa route. Tous contemplaient les fumées qui, loin de faiblir, emportaient pêle-mêle les cendres et leurs espoirs. Les hommes et Ayala fixaient la côte qui s'étirait à leur droite, de plus en plus proche. La mer réfléchissant les rayons du soleil n'était qu'une bande de lumière aveuglante. Alors que les gourdes étaient presque vides, la vue de cette étendue aquatique inaccessible faisait figure de torture.

Un éclaireur arriva soudain au grand galop dans un nuage de poussière.

— Une troupe ennemie approche !

Il sauta à bas de sa monture, hors d'haleine.

— Deux douzaines, au moins !

Son équipier arriva à son tour à bride abattue.

— Ils sont à pied, sans éclaireurs, ils seront là d'ici peu, lança-t-il en sautant de cheval, paniqué.

— Nous sommes bien moins nombreux, mais nous avons l'avantage de la surprise, déclara le capitaine, nous pouvons les combattre...

— Ils sont sur leur terrain, galvanisés par les victoires des leurs, dit Richard. Nous ne serons qu'un escadron de plus qu'ils massacreront sur leur chemin. Et qui sait si d'autres ne suivent pas derrière ? Nous ne tiendrons pas longtemps, la région ne nous est pas favorable, mieux vaut ne pas être découverts.

— Bien raisonné, fit le capitaine. Et puis, un combat de moins, c'est toujours une victoire...

— À couvert ! ordonna Richard sans attendre la réaction du capitaine. Cachez-vous dans les fourrés !

— Que faisons-nous des chevaux ? demanda l'un des hommes.

— Laissez-les filer, répliqua Richard, nous ne pourrons pas les cacher. Ne sauvez que ce que vous pourrez porter.

Chacun se dispersa de chaque côté du chemin. Quelques claques sur la croupe firent hennir les bêtes qui s'enfuirent en désordre avec tout leur harnachement.

En bon stratège, Richard escalada le flanc de la montagne et repéra assez haut un poste d'observation satisfaisant. Guillaume et Ayala marchaient sur ses talons.

Rapidement, ils gagnèrent un petit surplomb d'où ils dominaient le sentier et une bonne partie de leur groupe. Certains des mercenaires étaient allongés derrière des arbustes, d'autres, glissés dans des trous comme des bêtes apeurées. Le capitaine avait opté pour un repli au fond d'un large bosquet d'où il ne pouvait certainement pas voir grand-chose. Avec des hommes pareils, songea Richard, si combat il devait y avoir, il était perdu d'avance... Dissimulée derrière un long monticule rocheux, Ayala était accroupie près de lui et scrutait le sentier. Guillaume lança quelques pierres bien ajustées pour faire détaler les chevaux le plus loin possible et vint se cacher à côté de Richard.

— Ils vont nous mettre en pièces, fit-il en claquant des dents.

— S'ils nous trouvent, c'est probable, répondit Richard.

Chacun se tint immobile et silencieux. Le vent sifflait dans les cimes des arbres, affolant les petites feuilles qui bruissaient. On entendait les insectes bourdonner dans la chaleur de l'après-midi. L'attente ne fut pas longue avant que Richard ne repère la première silhouette au loin, entre deux buissons bordant le sentier. L'escouade avançait en ordre dispersé, il était impossible de deviner qui en était le chef. Tous parlaient et riaient bruyamment, se racontant certainement leurs récents faits d'armes.

Ayala releva la tête pour mieux les apercevoir. Guillaume remarqua le mouvement et prit soudain conscience qu'un seul cri de la jeune fille pouvait tous les perdre...

Absorbé par l'observation anxieuse de sa voisine, il ne prêta plus qu'une attention secondaire à la troupe qui passait maintenant en contrebas. Habillés de vêtements amples et coiffés de turbans ou de casques, les hommes portaient leur cimeterre à la ceinture. Certains avaient des lances. Ils avançaient assez lentement, d'un pas suffisamment léger et alerte pour qu'on puisse en déduire qu'ils ne venaient pas de loin et n'allaient pas parcourir des dizaines de lieues. Leurs maigres bagages, quelques gourdes tout au plus, confirmaient la déduction.

Richard les fixait de ses yeux clairs tel un aigle prêt à fondre sur sa proie. Il analysait tout ce qu'il voyait. Lorsque l'un d'eux dégaina soudain son arme, le jeune chevalier crut l'affrontement inévitable. Un des chevaux qui revenait sur ses pas, probablement à la recherche de son ancien maître, sema la panique. Un soldat musulman le saisit par la bride et éclata d'un grand rire en exhibant fièrement sa prise. Comme une nuée de guêpes, les Arabes entourèrent la bête et fouillèrent sacoches et ballots dont il ne resta bientôt plus rien. Ils reprirent leur marche, emmenant le cheval docile.

— Ils quadrillent la région, murmura Guillaume.

— Je paierais cher pour savoir ce qu'ils se racontent en se tapant le ventre… ajouta Richard.

Ayala, elle, avait parfaitement saisi. Elle n'approuvait pas les rires des siens mais pouvait les comprendre. Comment ne pas ressentir une certaine joie à l'idée de voir ses ennemis se tordre de douleur après avoir bu l'eau des puits empoisonnée à des lieues à la ronde…

22

Des oliviers majestueux s'alignaient tout au long du chemin. Dans le crépuscule, leurs troncs noueux ressemblaient parfois à des créatures fantastiques et effrayantes. Les hommes étaient d'autant plus sur le qui-vive que sans chevaux, il n'y avait plus d'éclaireurs. En désespoir de cause, le capitaine avait décidé de descendre dans la vallée pour rallier Saint-Jean-d'Acre. Si ce port-là n'avait pas tenu, alors la région était perdue et la fuite serait impossible.

Ceux des hommes qui avaient gardé un fardeau avant de lâcher leur monture peinaient et en abandonnaient des éléments de temps en temps. Les gourdes étaient à sec et le soleil trop bas pour que Guillaume puisse se servir du Sceau et trouver un puits. Rejoindre une ville devenait indispensable. Le capitaine avait déjà tout prévu. Il se présenterait à la plus importante garnison, demanderait l'asile en frère d'armes et raconterait comment lui et ses hommes, les derniers survivants, avaient combattu à Beyrouth. Grâce à ses qualités de stratège et à la vaillance de ses recrues, il avait réussi à survivre et à se replier jusque-là. À ce moment peut-être, il se laisserait tomber à genoux, d'épuisement et de dévotion, rendant grâce au Tout-Puissant d'avoir permis ce miracle…

Ayala était à bout de forces, Guillaume lui avait donné sa dernière ration d'eau mais rien n'y faisait. Elle semblait s'affaiblir à vue d'œil, jetant des regards craintifs tout autour d'elle, comme saisie de peur.

— Nous serons bientôt à Saint-Jean-d'Acre, vous pourrez vous reposer, lui confia le jeune frère.

La jeune femme esquissa un sourire qui s'évanouit aussitôt.

Le ciel rougeoyait déjà des derniers rayons du soleil. La nuit s'annonçait.

La colonne déboucha sur un surplomb rocheux où aucun arbre n'avait réussi à pousser. La baie tout entière s'offrait soudain à la vue, spectaculaire et terrifiante. Tous s'immobilisèrent en découvrant l'épouvantable vision. Saint-Jean-d'Acre était en flammes. Ce qu'ils avaient pris pour les lueurs du couchant était en fait un enfer sur terre. Des faubourgs au port, la cité fortifiée n'était qu'un gigantesque brasier ardent dont montaient des flammes titanesques. On distinguait les navires dont les voiles et les ponts enflammés embrasaient la rade et les quais. Par moments, le vent venu de la mer leur apportait la rumeur des cris de douleur et des combats.

— Tout est perdu, se lamenta le capitaine.

À la fatigue des marcheurs vint s'ajouter la peur, la terreur physique de tomber sur les hordes de Saladin. La contemplation de cette destruction massive, totale, réveillait en chaque âme les frayeurs les plus sourdes. Chacun se voyait périr dans d'atroces souffrances, torturé, brûlé, dépecé vif ou pendu par les pieds et dévoré lambeau après lambeau par les grands oiseaux qui hurlent à vous glacer le sang.

En contrebas, à flanc de colline, Richard repéra un toit caché dans les arbres. Le bâtiment paraissait imposant, mais plus étonnant encore, il semblait intact.

— Regardez ! s'écria-t-il. Un abri !

De bosquet en bosquet, le groupe s'approcha davantage. Tous découvrirent avec stupéfaction le petit clocher surmontant ce qui apparaissait de plus en plus comme un monastère. Sur les murs de la chapelle miraculeusement épargnée par le sac, les lueurs rouges venues de plusieurs dizaines de lieues se projetaient à travers les branchages. Il y avait en fait quatre bâtiments, formant un carré fermé. La seule porte d'accès ne semblait pas avoir subi d'assaut.

Le capitaine martela du poing les battants de bois.

— Par la Sainte Croix du Christ, ouvrez ! hurla-t-il.

Guillaume remarqua aussitôt la statuette de saint Benoît surmontée d'une croix pattée qui ornait le haut du porche.

— Ce sont ceux de mon ordre, glissa-t-il à Richard.

Ils entendirent d'abord un bruit de poutres que l'on traîne puis la porte s'entrebâilla timidement, laissant apparaître un moine assez âgé.

— Ouvre-nous, vieil homme, fit rudement le capitaine en forçant le passage.

L'homme aux cheveux blancs tonsurés et à la chasuble de lin clair s'effaça sous la poussée. Le capitaine entra et se planta dans la courte nef, les mains sur les hanches.

Les bancs étaient en ordre, les bannières intactes, les candélabres dorés toujours sur l'autel, qui ne semblait pas avoir été profané.

— Mais comment diable ces imbéciles ont-ils pu manquer ce butin ? railla le capitaine dans un éclat de rire nerveux.

D'autres frères, tous aussi âgés, apparurent des recoins et de l'autre unique porte. Le reste des mercenaires entra à son tour dans la chapelle. Guillaume eut le plus grand mal à passer devant le moine sans se trahir d'un salut.

Ayala, dans un geste d'une extrême délicatesse, ôta sa capuche en passant le seuil. Par l'autre porte entrouverte, un soldat repéra le puits au milieu de ce qui restait de la cour intérieure.

— J'ai trouvé de l'eau, les gars !

Il se rua sur la margelle, bientôt imité par ses acolytes. L'un des frères tenta de leur en interdire l'accès mais ils l'écartèrent sans ménagement, leurs railleries couvrant ses avertissements.

— Si tu crois que tu vas nous empêcher de boire, tu te trompes ! Tes boniments pour garder l'eau, personne n'y croira. Écarte-toi !

Puis joignant le geste à la parole, il ajouta :

— Est-ce ainsi que l'on t'a enseigné le partage, mon frère ?

Les mercenaires éclatèrent de rire. Le vieux moine se signa.

— Tu n'auras qu'à boire les paroles de Dieu ! ajouta un autre.

Le capitaine ricana et alla rejoindre ses hommes au puits.

Guillaume, Richard, Ayala et les frères restèrent seuls dans la chapelle uniquement éclairée par les flammes destructrices qui dansaient à l'extérieur.

— Comment avez-vous survécu ? demanda Guillaume au vieil homme.

— Même les pires des combattants d'Allah n'osent pas s'emparer des objets sacrés. Mais ils nous ont porté un coup fatal... répondit-il. Dieu nous a abandonnés.

— Ne dites pas cela, mon père !

Les mots lui avaient échappé. Jamais un soldat n'aurait appelé un religieux ainsi... Le vieux frère releva un sourcil. Il s'approcha du jeune homme et le fixa avec sévérité.

— Quel étrange équipage : des bandits, deux jeunes hommes dont on ne sait trop que penser et une infidèle qui se découvre en entrant dans une chapelle...

— C'est une histoire compliquée, commença Richard.

— D'où vous viennent ces uniformes, où les avez-vous trouvés ? Ils sont marqués, l'interrompit le vieux en désignant le symbole gravé dans le cuir des gilets.

Richard et Guillaume paniquèrent, même s'ils n'en laissèrent rien voir.

— Je ne les ai vus qu'une seule fois, reprit le moine en prenant ses frères à témoin. Ceux qui suivent le chemin sacré, ceux qui suivent la Voie les portent. Comment ces vêtements ont-ils pu finir entre vos mains ? Qui donc avez-vous égorgé pour vous en vêtir ?

— Personne ! s'indigna Guillaume.

— Ils les ont trouvés dans un village, intervint Ayala.

— Oui, c'est cela, ajouta Richard, et puis nous avons soif, alors nous répondrons à vos questions après avoir bu.

D'un pas décidé, il se dirigea vers la petite porte en entraînant son ami. Ayala les suivit.

Autour du puits, les mercenaires et le capitaine braillaient.

— Vous voyez bien que je ne suis pas un mauvais chef ! martela le gradé. Je vous laisse tous boire avant moi.

Les uns après les autres, s'esclaffant, ils plongeaient le seau au fond du puits et le remontaient pour se le verser sur le visage, la bouche grande ouverte.

Richard s'avança et prit sans hésiter le seau des mains d'un cavalier. Il fit descendre la corde si vite que la poulie n'eut pas le temps de grincer. Il le remonta plein et le tendit à Guillaume. Ayala s'avança alors brusquement d'un pas et chuchota :

— N'en buvez pas…

Richard la dévisagea, hésita une seconde puis, feignant de trébucher, se détourna pour présenter le seau au capitaine.

— Honneur au chef ! hurla-t-il à la cantonade pour donner le change.

Le capitaine saisit le seau de bois et le porta à ses lèvres sans hâte. Par-dessus le cerclage de fer, il fixait la jeune femme qui n'arrivait pas à détourner le regard.

Un des hommes, qui avait bu en premier et s'était assis à quelques pas, se mit à gémir en se tenant l'abdomen.

Le capitaine tourna la tête et soudain, dans un geste de rage, projeta le seau à terre. Il cracha l'eau qu'il avait dans la bouche.

— Elle est empoisonnée ! hurla-t-il.

Puis, pointant Ayala d'un doigt accusateur, il ajouta :

— Tu le savais et tu nous as laissés boire ! Je vais te tuer ! grogna-t-il en brandissant son épée.

Richard l'arrêta d'un violent coup de coude au visage qui l'assomma. Il tomba lourdement. Guillaume, qui avait presque failli boire, fut saisi de tremblements tandis qu'un deuxième mercenaire se mettait lui aussi à gémir.

Richard ramassa l'épée du capitaine.

— Si vous tentez quoi que ce soit, prévint-il à l'adresse des hommes, je vous embroche.

Ceux-ci, loin de vouloir se battre, se regardaient horrifiés, évaluant ce qu'ils avaient pu avaler en contemplant ceux qui ressentaient déjà les premières douleurs.

— On ne sait pas ce qu'ils ont mis dedans, commenta le vieux moine d'une voix calme, mais ça agit vite. L'un des nôtres est mort en moins d'une heure…

Le capitaine était ligoté sous la surveillance de deux frères peu préparés à cette mission. La cloche de la chapelle n'était plus sonnée pour les prières et ce qu'il restait de la pauvre congrégation survivait sans repères. Assoiffés, le ventre creux, Guillaume et Richard racontèrent leur parcours au père abbé sans toutefois révéler l'objet de leur quête. Les deux garçons détaillèrent leur incroyable odyssée. Pour Guillaume, le soulagement de parler à un membre de son ordre était visible. Il avait le regard clair et le verbe précis, comme en Bourgogne, comme à l'époque où il croyait le monde simple et les choix faciles. Il se purifiait, il se confessait. Richard était simplement heureux de pouvoir se confier à quelqu'un qui comprenne, qui écoute et qui ait l'air de les croire.

— Mes pauvres enfants, soupira enfin le vieux moine. C'est un bien dangereux périple pour deux jeunes de votre âge. J'espère que vous avez trouvé ce que vous cherchiez, mais laissez-moi vous confier quelque chose : votre seule chance de rentrer passe par Jérusalem…

— Mais ce n'est pas un port ! s'étonna Richard.

— C'est le seul bastion croisé qui résiste encore. Saladin est partout. Il hésite à envahir la ville de peur que les combats ne détruisent des lieux qui sont aussi sacrés pour lui. Chaque semaine, les Templiers organisent des convois jusqu'à Jaffa où des bateaux les attendent au large, hors d'atteinte. Ils ont un code pour les heures et les dates. C'est le seul passage encore ouvert vers l'ouest.

Une pénible soirée s'écoula, prélude à une nuit interminable, qui vit les mercenaires empoisonnés mourir les uns après les autres. Les frères administraient les derniers sacrements à ceux que l'eau souillée emportait dans d'horribles convulsions. Les corps s'amoncelaient contre un mur.

Le capitaine avait repris conscience depuis longtemps et, même ligoté et bâillonné, on l'entendait encore essayer de hurler de rage. Richard lui ordonna de se taire mais le gradé n'en fit rien, bien au contraire. Il était fou furieux et n'écoutait plus. En désespoir de cause, Richard lui administra un impeccable coup de pied à la mâchoire qui lui fit perdre à nouveau connaissance.

Ayala s'endormit la première, épuisée, assise contre l'autel. Guillaume ne tarda pas à suivre. Ce soir-là, pour la première fois depuis bien longtemps, le jeune homme s'endormit avec le Sceau. Celui qui voudrait s'en emparer devrait d'abord le tuer…

23

Le choc fut d'une extrême violence. Un coup sourd, unique, dans la porte de la chapelle qui se fendit sous l'impact. Ayala fut la première debout. Partout autour des bâtiments, dans l'obscurité, des hommes criaient en arabe. L'un d'eux criait plus fort que les autres, juste derrière la porte. Ayala reconnut sa voix sans aucun doute possible.

— Suleyman… murmura-t-elle.

Richard bondit, l'épée au poing et l'œil à demi ouvert. Le vieux moine fit irruption, venant de la cour. Il se tourna vers l'autel et se signa d'un geste vif.

— Mon Dieu, que se passe-t-il ? D'habitude, ils ne s'en prennent pas aux lieux saints.

Il était terrifié, ses mains tremblaient. Lui qui n'avait eu peur ni du capitaine ni du sac de la ville était à présent pris de panique. La voix dehors se faisait plus menaçante.

Ayala se précipita vers Guillaume et s'agenouilla près de lui.

— Confiez-moi le Sceau. Confiez-le-moi ou il sera perdu et nous avec, le pressa-t-elle. Vous voulez percer son secret, moi aussi, donnez-le-moi et je vous jure que nous irons ensemble.

Un second coup l'interrompit, achevant d'éventrer la porte qui vint s'abattre en travers de la nef dans un grondement de tonnerre.

Guillaume saisit la bourse qui pendait à son cou et la tendit à la jeune femme. Elle en extirpa le joyau et sans hésiter, l'enfila à son majeur gauche.

Le jeune frère ignorait la portée de ce qu'il venait de faire. Peut-être son instinct allait-il lui coûter sa mission et l'immense responsabilité qui y était attachée ? Peut-être Ayala l'avait-elle trahi une seconde fois ? Il sentit son cœur se fissurer...

Une dizaine d'Arabes firent irruption dans la chapelle. Certains portaient des torches en plus de leurs armes. Richard fut désarmé et jeté à terre, le vieux moine fut parqué avec les autres frères au fond de la chapelle. Les hommes étaient nombreux, deux d'entre eux traînèrent le capitaine saucissonné jusque sur le dallage usé. Il semblait avoir perdu la raison et, libéré de son bâillon, vociférait d'une voix cassée, exténuée, sans se rendre compte de ce qui se jouait.

Même dans la pénombre relative, Richard et Guillaume reconnurent immédiatement celui qui commandait l'opération. On n'oublie pas le visage de celui qui vous a torturé.

Avant même qu'il ne parle, Ayala essaya de s'interposer.

— Suleyman, écoute-moi...

— J'ose espérer qu'ils t'ont enlevée de force, sinon tu subiras le sort que l'on réserve aux traîtres...

Sa voix était basse, grave. Dans le silence de la chapelle, la menace sonnait comme une promesse. Il reprit :

— Dans tes messages, tu disais qu'ils avaient le Sceau et que tu savais comment l'utiliser, alors c'est le moment de le prouver.

— Je me suis trompée, j'ai cru qu'ils savaient où le chercher mais...

— Fouillez-les ! hurla Suleyman en fendant l'air de son cimeterre d'un geste rageur.

Ses hommes se jetèrent sur les deux garçons sans ménagement et encerclèrent Ayala. Elle tenta de protester en arabe mais cela ne les arrêta pas. En quelques minutes, tous trois furent fouillés avec minutie. Ayala était furieuse qu'ils aient osé porter la main sur elle. Les deux garçons la fusillaient du regard pour les avoir trahis.

— Ils n'ont rien sur eux, annonça le chef de la garde.

Tous les yeux se tournèrent vers les frères.

— Nous ne l'avons pas, argumenta Guillaume. Les mercenaires nous ont empêchés de le trouver.

— Et par quel miracle avez-vous découvert vos vivres et les chemins qui vous ont permis d'éviter les grandes routes et les cités ?

— Un des mercenaires connaissait les endroits, répondit Richard avec assurance.

Dans le silence qui suivit l'intervention, on n'entendit rien, excepté le rire sardonique du capitaine ficelé sur le sol.

— Ils mentent, siffla-t-il dans un petit rire, ce sont des sorciers et ils nous disaient où aller. Ils ont un cristal qui leur dit tout...

Dans un réflexe, le vieux moine saisit un haut bougeoir de bronze et frappa violemment le capitaine à la tête. Le coup ouvrit une large plaie d'où le sang s'écoula abondamment sur son visage inerte.

— Il blasphème ! lança le moine avant que les hommes de la garde ne le saisissent.

Suleyman s'approcha de lui, le regard sombre et le visage déformé par un rictus.

— Nous ne détruisons pas vos églises parce que vous n'êtes pas des combattants. Nous sommes prêts à accepter votre présence sur nos terres à condition que vous ne nous fassiez pas de tort. Vos maîtres vous l'ont dit ?

Le vieil homme s'empressa d'acquiescer. Les flammes des torches se reflétaient dans la lame polie du cimeterre.

— Pourtant, ce que vous venez de faire est un acte de guerre...

— Il n'était pas des vôtres ! objecta Richard.

Suleyman se détourna du vieux prêtre et s'avança vers les trois jeunes gens. Il dévisageait sa sœur comme une étrangère, comme une ennemie...

Il approcha son visage de celui des garçons et plongea son regard dans le leur.

— Où est ce cristal ? demanda-t-il en articulant exagérément.

— Vous n'allez pas croire ce fou de mercenaire plutôt que votre sœur ? lança Guillaume.

— Je ne sais pas si elle est encore ma sœur...

— Comment peux-tu dire une chose pareille ! s'emporta la jeune femme. Tu trahis l'esprit de notre père, tu te comportes comme un mercenaire, violent, aveugle, inhumain. As-tu oublié ce qui légitime ton autorité ? As-tu oublié ce que nous sommes et pourquoi nous nous battons ? Ces deux garçons ne sont pas nos ennemis, ils œuvrent pour la même cause que nous. Celle que défendaient notre père et ses amis d'Occident. Ils ne sont pas là pour prendre mais pour protéger.

— Tais-toi ! fit sèchement Suleyman.

— Non, je ne me tairai pas ! Je suis l'aînée et si je n'étais pas une femme, je serais à la tête des armées à ta place. Tu peux me tuer si tu veux, tu ne me feras pas taire. Ose porter la main sur ta sœur et, par Allah, tu seras maudit.

Les témoins de la scène étaient stupéfaits de voir une jeune femme faire preuve d'autant d'audace et de caractère. Guillaume retrouvait celle qu'il aimait tant, celle qui le fascinait depuis le premier jour. Il aurait voulu que jamais sa colère ne s'apaise...

— Si je t'avais laissé faire, tu les aurais exécutés au palais, fulmina-t-elle. Depuis que je les ai aidés à fuir – oui, c'est moi qui les ai fait évader –, j'ai encore appris à mieux les connaître. Et aujourd'hui, je me sens plus proche d'eux que de toi.

Un silence pesant s'installa dans la pièce.

— Nous nous battons depuis trop longtemps, enchaîna-t-elle. Nous ne pourrons pas calmer la folie des hommes. Tout ce que nous pouvons faire, c'est mettre le don de Dieu à l'abri de leur violence en attendant qu'ils trouvent la voie de la sagesse…

Ébranlé par la fougue de la jeune femme, Suleyman la regarda longuement sans dire un mot.

— Sais-tu comment faire ? demanda-t-il enfin.

— Je crois que j'en ai une idée, rétorqua-t-elle.

— Tu as besoin de ces deux garçons ?

— Oui.

— Alors nous prendrons la route à l'aube, et nous verrons…

Les hommes de Suleyman montaient la garde. Malgré le silence revenu dans la chapelle, personne n'avait réussi à trouver le sommeil.

— Non, c'est impossible, insista Guillaume à voix basse pendant que Richard acquiesçait. Ce n'est pas notre mission, nous n'en avons ni les moyens ni le droit.

— Mais réfléchissez, argumenta la jeune femme. Si vous n'arrivez pas à repartir, le Sceau sera perdu à jamais et vous aurez échoué. Si vous retournez en France, vous le rendrez aux seigneurs de la croisade qui s'empresseront de lever une armée pour revenir venger leurs morts. La foi n'est qu'un prétexte aussi bien dans votre camp que dans le mien. Ceux qui prêchent l'amour de Dieu ne poussent pas leurs semblables au massacre...

— Alors que faire ? demanda Richard.

— Lorsque j'étais enfant, mon père m'a révélé l'existence d'un lieu sacré, d'un sanctuaire. Il en parlait avec une étincelle étrange dans les yeux. Il disait que les hommes ne s'y feraient jamais la guerre parce que Dieu, dans sa magnificence, nous y redonnait notre place, en paix et en toute humilité. Nous devons nous y rendre et y déposer le Sceau. Père disait aussi que personne ne pourrait jamais profaner ce temple. Je vous ai entendus parler de ce point turquoise sur votre carte... C'est une légende pour tous les peuples.

— Le père de l'abbaye a évoqué un sanctuaire avant notre départ, mais il n'en savait que peu de chose, acquiesça Guillaume. Comment allons-nous nous y rendre ?

— Suleyman nous y conduira. Avec lui et sa garde, nous aurons des chevaux et nous serons protégés des hommes de Saladin.

— Je n'ai pas confiance en votre frère, objecta Richard.

— Nous n'avons pas d'autre solution...

— S'il découvre le Sceau, il vous le prendra.

Ayala déploya sa main fine dans un mouvement aérien. L'anneau surmonté du cristal y reflétait toutes les lueurs.

— Ne vous inquiétez pas, je lui dirai que c'est une bague que notre mère m'a offerte avant de mourir...

Guillaume songeait à ce que ce plan impliquait. Lui et Richard avaient reçu mission de retrouver le Sceau et de le rapporter au royaume de France. Au lieu de cela, contre les ordres, au mépris de toute logique et de toute notion du danger, ils s'apprêtaient, alliés à une infidèle, à le soustraire à l'Histoire pour le bien de chacun. Comment une décision aussi importante pouvait-elle incomber à deux jeunes hommes ? Pourquoi Richard et lui se trouvaient-ils face à ce choix ? Pourquoi le Très-Haut avait-il placé cette femme aussi fougueuse qu'émouvante sur sa route ?

Il conjura le ciel de le foudroyer s'il commettait la moindre faute, il implora Dieu de lui barrer la route vers le sud. Il aurait préféré perdre la vie plutôt que trahir l'esprit qui le guidait.

En son for intérieur, malgré ses doutes et son manque de confiance en lui, il savait que cette expédition vers le sanctuaire était la meilleure chose à faire. Malgré ses remords, il sentait qu'en agissant ainsi il serait en paix avec sa conscience.

À l'extérieur, tout semblait calme. Les chevaux frappaient le sol de leurs sabots en soufflant. Les premiers rayons du levant baignèrent la nef d'une pâle lueur. Richard regarda Guillaume sans un mot. Ayala était également éveillée. Ils restèrent ainsi, immobiles, veillant les uns sur les autres, osant dire des yeux ce qu'ils ne s'avouaient pas à eux-mêmes. Tous trois pressentaient que lorsque la prochaine aube se lèverait, leur destin serait à jamais scellé...

24

Ce n'est pas sans émotion que les deux jeunes hommes traversèrent le village de Nazareth. Ils parcouraient la Terre sainte et chaque lieu évoquait, surtout pour Guillaume, un épisode biblique.

À cheval, encadrés de gardes qui ne les lâchaient pas du regard, les garçons et Ayala progressaient vers le sud, précédés de Suleyman. L'équipage avançait vite et se ravitaillait sans difficulté aux campements des armées de Saladin. On leur changea même leurs chevaux.

Ainsi escortés, ils purent passer les barrages et les embuscades sans encombre. La région était complètement reprise en main par les musulmans et la prévision d'Ayala s'avérait. Sans les sauf-conduits de Suleyman, le trio n'aurait pas fait dix lieues.

Ayala ne bénéficiait d'aucun traitement de faveur et se voyait menée comme une prisonnière.

— Quelle direction devons-nous suivre ? demanda sèchement Suleyman à sa sœur.

Ayala interrogea Guillaume du regard.

— Le point turquoise de la carte se situe au sud, à une dizaine de lieues d'ici, répondit-il à voix basse.

— Le tombeau du Prophète… murmura Ayala.

— Quel tombeau ? demanda Guillaume.

— Celui d'Abraham et de son épouse…

C'est en fin d'après-midi que le détachement arriva dans le village d'Hébron après avoir traversé un immense campement militaire arabe. Dans les rues de la cité régnait une agitation particulière. Les armées musulmanes convergeaient autour du modeste bourg et on annonçait l'arrivée imminente d'une armée croisée venue reprendre le lieu. Dans quelques heures, la guerre ferait rage, sanglante, destructrice, comme à Beyrouth ou à Saint-Jean-d'Acre.

Dans une panique indescriptible, les villageois entassaient leurs biens les plus précieux sur des mules ou des chariots et fuyaient vers les campagnes.

À la limite orientale du village, bâtie sur le flanc d'une petite colline abrupte qu'elle recouvrait en grande partie, se dressait une imposante forteresse ceinte d'une muraille haute de plus de trois étages, assez massive pour rebuter le plus décidé des attaquants. Aucun point faible, aucun angle mort, partout un mur aveugle fait de blocs de roche dure taillée, surmonté de créneaux et rehaussé de tours de guet en bois.

La seule porte frontale était étonnamment basse et étroite. Il était impossible d'y passer à cheval ou avec un chariot. Seul un homme pouvait emprunter l'unique entrée de cet étrange fortin.

La porte de bois entièrement doublée de ferrures ne présentait aucune aspérité et ne pouvait être ouverte que de l'intérieur.

À quelques pas d'elle, Suleyman mit pied à terre. Il saisit brutalement sa sœur par le bras et l'attira contre lui. De son autre main, il empoigna la dague qu'il portait à sa ceinture. Richard voulut s'interposer mais la pointe de cimeterre immédiatement posée sur sa nuque par un des gardes l'en dissuada.

— Je ne sais pas exactement où nous sommes, lança-t-il aux deux garçons, mais si vous y entrez, j'entre aussi. Sinon, elle meurt.

Guillaume et Richard approuvèrent d'un mouvement de la tête.

— Maintenant, allez frapper...

Une minuscule trappe s'ouvrit dans la porte à hauteur de visage et une paire d'yeux sombres dévisagea les deux garçons sans un mot. Son regard détailla leurs uniformes et le signe qu'ils portaient. Le volet se referma.

Le bruit des verrous racla et la porte s'ouvrit. Un homme d'assez haute stature apparut sur le seuil et dit :

— Bienvenue à l'église de saint Abraham. Entrez.

À l'abri des épaisses fortifications, le tumulte de la cité ne s'entendait plus. Les deux garçons, suivis d'Ayala et de son frère, se trouvaient dans une longue cour intérieure pavée qui menait à un escalier d'une dizaine de marches aussi larges que le bâtiment auquel il conduisait. La façade était percée d'arches rondes et surmontée de petites coupoles byzantines.

De chaque côté, le long des murailles, comme alignés pour une haie d'honneur, des gardes casqués tenant leur épée posée pointe en bas devant eux, regardaient les nouveaux venus, impassibles.

Ils étaient tous grands, vêtus d'uniformes inconnus faits de longues cottes de mailles sur une chasuble épaisse et ocre, mais avec des casques arabes. Tous arboraient, sur un écusson de cuir à hauteur du cœur, un signe mystérieux. Le plus surprenant restait l'origine des gardes. Côte à côte, on trouvait des blonds aux yeux bleus, des châtains, des Arabes barbus et même des individus à la peau noire comme Richard et Guillaume n'en avaient jamais vu.

Les visiteurs firent quelques pas dans la cour lorsque soudain, deux gardes s'avancèrent vers eux, décidés et mécaniques. Ils s'arrêtèrent tout près du groupe. L'homme qui avait ouvert la porte s'approcha alors de Suleyman et dit calmement :

— Vous êtes dans un lieu saint, les armes ne sont pas autorisées, veuillez nous remettre votre poignard.

Ne sachant que faire, Suleyman serra encore davantage sa sœur. Sans qu'il ait le temps de réagir, les deux gardes, bien plus grands que lui, le ceinturèrent et lui arrachèrent sa dague en dégageant Ayala.

— Jetez-le dehors, fit l'homme.

Vociférant, Suleyman fut traîné jusqu'à la porte qu'il venait à peine de franchir.

Guillaume réconforta Ayala. Avec Richard, ils pénétrèrent dans ce qui semblait être une église. La lumière de la fin d'après-midi n'entrait que par deux petites ouvertures rondes percées dans le pignon.

Il n'y avait ni nef, ni abside, juste une vaste salle vide dont les piliers montaient vers le plafond pour se terminer en voûte. Toute la salle n'était éclairée que par des lampes à huile. Au fond, au centre, trônait un impressionnant bloc de pierre entièrement sculpté. L'ouvrage richement orné contrastait avec l'austérité du lieu.

De la pénombre du fond se détacha la silhouette d'un homme assez âgé qui s'avança vers les visiteurs.

— Soyez les bienvenus. Je suis le père Thibault de Treille. Vous êtes annoncés depuis quelques heures.

— Annoncés ? s'étonna Richard.

— Nous avons des informateurs partout et les signaux vont plus vite que les chevaux… répondit l'homme avec un naturel jovial.

Devant la surprise des deux garçons, il n'insista pas et reprit son sérieux.

— Quelle affaire vous amène donc dans nos murs par ces temps troublés ?

— Nous voudrions placer quelque chose en lieu sûr… expliqua Guillaume.

— Pourquoi ne pas le confier à la commanderie voisine, les Templiers sont de bons gardiens…

— Disons qu'il s'agit de quelque chose d'un peu spécial… expliqua Guillaume. Nous sommes à la recherche d'un lieu. Il ne doit pas être loin et figure sur notre carte comme un simple point turquoise.

L'homme eut un sursaut en entendant ces mots. Son expression affable s'effaça, laissant place à une mine anxieuse.

— Nous devons parler de cela, murmura-t-il d'un ton grave.

Il fit signe à un garde qui accourut, et lui dit :

— Convoque immédiatement mes deux confrères à la salle.

Puis d'un geste, il le congédia et s'en retourna, entraînant à sa suite les trois jeunes gens.

— Venez, venez vite !

La pièce, privée de toute ouverture vers l'extérieur, était sombre. Y accéder relevait d'un véritable jeu de piste. Était-elle souterraine ou seulement protégée par d'infranchissables murs ? À force de parcourir en tous sens des couloirs obscurs et tortueux, de monter et de descendre des escaliers étroits dans le dédale de cette forteresse aux mille recoins, nul n'aurait pu le dire. La table qui occupait le centre était comme la pièce, octogonale. La voûte basse était soutenue par des demi-piliers plaqués aux angles des murs. Quatre hommes entrèrent, deux âgés suivis chacun d'un plus jeune. Un cinquième arriva juste derrière.

— Ah, enfin ! fit le père. Bertrand, installe nos visiteurs.

En observant ceux qui venaient d'arriver, Guillaume eut un mouvement de surprise. Il y avait deux juifs et deux musulmans.

Ils se saluèrent en s'asseyant. Guillaume, Richard et Ayala étaient décontenancés.

— Vous nous avez parlé d'un point turquoise, questionna sans ambages le père de Treille.

— C'est exact, répondit Richard, mais pouvez-vous nous dire où nous nous trouvons exactement ?

Les plus âgés échangèrent des regards étonnés.

— Vous n'en avez aucune idée ?

— Pas la moindre…

— Mais pourtant, ce point turquoise, vous n'êtes pas sans savoir ce qu'il représente ? questionna le plus âgé des deux Arabes.

— Pas précisément, répondit Ayala.

— Nous avons découvert son existence grâce au Sceau des Maîtres, avoua Guillaume.

Il y eut un vent de murmures autour de la table.

— Mais le Sceau est perdu ! lança le plus âgé des juifs.

D'un geste précis et doux, Guillaume saisit la main d'Ayala et en fit glisser l'anneau.

— Nous l'avons retrouvé. C'est lui qui nous a conduits ici et c'est lui que nous devons protéger.

Cette révélation provoqua la stupéfaction.

— Par quel miracle avez-vous réussi ?

— Nous avons été envoyés de France pour le retrouver, expliqua Guillaume. En chemin, nous avons rencontré la fille du pacha Marani, que voici.

— J'ai connu votre père, confia le juif à Ayala. C'était un homme d'honneur et de foi. Sans lui, nous n'aurions jamais réussi.

— De quoi parlez-vous ? interrogea la jeune femme.

Le père de Treille prit la parole solennellement.

— Ce lieu est unique. Il est à la fois tombeau, sanctuaire et lieu de pèlerinage. Même si les Francs l'ont reconquis depuis près d'un siècle, il est secrètement contrôlé par les autorités religieuses des trois grands cultes. Des accords au plus haut niveau ont permis qu'ici ne règne pas le chaos qui dévaste le monde extérieur. Dans ces murs saints, la guerre des dieux n'a pas cours. Chacun de nous sait ce que contiennent les souterrains du tombeau et nous en sommes les gardiens. Aucun de nous n'a de secret pour les autres.

« Nous avons été élevés dans cette enceinte et formés par les maîtres qui nous ont précédés. Chacun de nous forme un disciple. C'est ainsi depuis douze générations. Bertrand, David et Ahmad seront nos successeurs, dévoués à la préservation de ce lieu sacré entre tous. Nous avons notre armée, elle n'intervient pas hors des fortifications. Mais le Sceau nous manquait car il est à la fois ce qui conduit ici, vous le savez…

L'homme marqua une pause et consulta ses collègues du regard avant de reprendre :

— … mais il est aussi la clef qui ouvre le chemin des Salles Interdites.

Le vieux juif enchaîna :

— Les voies du Seigneur sont impénétrables et son pouvoir est infini. Votre arrivée ce soir le prouve encore. Ce sanctuaire sera bientôt l'enjeu d'un combat entre les croisés et les hommes de Saladin. Derrière cette lutte se cache l'envie de chaque souverain de posséder les richesses enfouies sous nos pieds et le désir de contrôler la puissance qui s'y cache. Nous devons l'empêcher.

Mais depuis quarante ans, depuis que les seigneurs de Jérusalem ont confisqué le Sceau pour servir la croisade grâce à son réseau de ressources secrètement codifié, nous n'avons pas pu accéder aux puits.

L'Arabe le plus âgé ajouta :

— Nos maîtres ont refusé de livrer le Sceau, ils ont été tués avant d'avoir pu nous enseigner tous leurs savoirs. Les secrets des souterrains se sont partiellement perdus avec eux. Je n'y suis descendu qu'une seule fois, j'étais encore jeune et je n'ai que de très vagues souvenirs. Il faut le Sceau pour y pénétrer, il faut le Sceau pour y survivre…

Le père de Treille reprit :

— Grâce à nos informateurs, nous savons que nous serons envahis ce soir, par les chrétiens ou par les musulmans, mais de toute façon par des individus animés par la cupidité et la soif de pouvoir. Notre armée ne pourra les contenir qu'un temps. D'anciens textes nous ont révélé qu'une puissance fabuleuse est cachée dans les entrailles de cette colline sacrée. Nous devons la trouver, c'est notre seule chance de sauver le don de Dieu de la folie meurtrière.

Guillaume, Richard et Ayala étaient abasourdis. À cet instant, un garde entra et s'inclina respectueusement.

— Maîtres, dit-il, les yeux baissés, les combats ont commencé. Il faut vous mettre à l'abri.

— Nous allons descendre… fit le père.

Le couloir suivait une pente douce. Le père ouvrait la marche en portant une torche, suivi de ses homologues. Venaient ensuite les trois visiteurs et les disciples. Guillaume tenait le Sceau dans le creux de sa main.

Au terme d'un périple labyrinthique, ils débouchèrent dans une vaste cave ronde et basse au plafond de laquelle pendait un système de poulies. Une corde en partait, reliant les poulies à une longue potence pivotante à laquelle était attaché un large tonneau sans couvercle. En manœuvrant la roue de treuillage toute proche, il devait être possible de soulever sans effort ce tonneau.

Le sol de la salle était dallé d'imposantes pierres polies et rondes.

— La salle des puits, souffla Ahmad. Sous ces dalles sont dissimulés cinq puits dont un seul conduit au sanctuaire.

— Et les autres ? demanda Richard.

— Personne n'en est revenu pour nous le dire, fit le juif.

— Écartez-vous ! intima le père.

Il actionna un levier dissimulé dans une niche secrète du mur. Avec une lenteur majestueuse, dans un raclement métallique, les cinq dalles rondes s'enfoncèrent puis se décalèrent pour laisser apparaître d'immenses cheminées creusées dans le sol. Ayala s'approcha de l'une d'elles et ne vit qu'un gouffre sans fond se perdant dans les entrailles de la terre.

— Pourriez-vous me confier le Sceau ? demanda le père à Guillaume.

Le jeune homme s'exécuta cérémonieusement. Le vieil homme tremblait d'émotion, il baisa la pierre et se dirigea vers une sphère de métal creuse arrimée au mur. Il l'ouvrit par la moitié puis alluma la chandelle située en son centre. Sur une petite tige, il plaça l'anneau face à la flamme. La lumière, en passant à travers le flanc du cristal, produisit des éclats différents de ceux des rayons du soleil, plus jaunes, et verticaux. L'intérieur de la sphère était gradué et le père compta méticuleusement.

— Trente-quatre, annonça-t-il enfin en se dirigeant vers la potence pivotante.

Il saisit un levier de positionnement et, avec d'infinies précautions, l'actionna cran à cran. La potence vint d'abord se placer au-dessus du puits près d'Ayala, puis de celui à sa gauche, puis revint dans l'autre sens. Au gré des crans, le puits choisi changeait sans logique apparente. Au trente-quatrième déclic, la potence se figea au-dessus du bon.

Tous s'approchèrent du bord. Guillaume saisit une des torches accrochées au mur et l'agita au-dessus du trou.

— Il y a des ouvertures dans les parois, remarqua-t-il.

— Le Sceau va nous dire laquelle nous devons emprunter pour rejoindre la salle du tombeau des Pères.

Le religieux regagna la sphère graduée pendant que les disciples plaçaient le large demi-tonneau au-dessus du gouffre.

Il changea l'anneau de côté et compta à nouveau.

— Quatorze, quatorze, répétait-il inlassablement en reprenant le Sceau comme s'il avait eu peur d'oublier ce simple chiffre sous le coup de l'émotion. Quatorze, déclara-t-il à Guillaume. N'oubliez pas ce chiffre, sinon nous sommes perdus.

Puis s'adressant aux disciples, il dit :

— Attendez-nous ici et surveillez les cordes !

Les trois maîtres et les trois visiteurs prirent place dans l'étrange nacelle suspendue au-dessus du puits. Elle était instable mais les bords étaient assez hauts pour empêcher une chute.

Guillaume était serré contre Ayala. Richard, une torche à la main, les regardait, coincé entre l'Arabe et le juif.

— Commencez la descente, ordonna ce dernier.

D'un coup sec, la nacelle entama sa plongée dans le gouffre. Richard et un des maîtres appuyaient sur les murs pour la guider.

La première ouverture apparut à leur hauteur.

— Plus que treize… fit le père.

Chacune était assez grande pour s'y glisser, semi-ronde et assez profonde pour ne pas en voir le fond.

La voix du père résonnait de plus en plus dans le puits. Ils descendirent encore.

— Plus que sept, reprit-il plus bas, les mains crispées sur le Sceau.

Lorsque Guillaume releva la tête, la bouche du puits n'était plus qu'un lointain disque au bord duquel on pouvait encore distinguer les visages penchés des disciples. La lueur de leur seule torche leur paraissait bien faible.

— Ce sera la prochaine, annonça enfin le père, le front en sueur.

— Apaise-toi, Thibault, fit le vieil Arabe. La nuit s'annonce longue et nous aurons besoin de toutes tes facultés…

Sur le signal du père, la nacelle s'immobilisa. L'un après l'autre, ils se glissèrent à quatre pattes dans le boyau sombre.

— Jusqu'où allons-nous ramper comme cela ? demanda Guillaume.

— Plus personne ne s'en souvient, mon pauvre ami, répondit l'Arabe.

Le souffle de leur respiration résonnait dans ce tube de pierre, leurs vêtements balayaient la poussière accumulée depuis des décennies.

Ils arrivèrent dans un espace totalement obscur. Richard repéra un râtelier à torches, en tira plusieurs qu'il alluma avec la sienne. La salle était ronde, elle aussi, mais cette fois, six gigantesques roues de pierre, frappées du même symbole que celui qui ornait les uniformes des gardes, étaient plaquées contre les parois décorées d'arabesques. En leur centre, on pouvait remarquer un minuscule bouclier de métal à la forme irrégulière.

Ayala s'approcha pour caresser les murs finement sculptés. Elle y reconnaissait des textes sacrés, des commandements et des scènes des temps anciens.

— Derrière l'une de ces meules se trouve le tombeau d'Abraham, déclara le père en se signant.

— Je m'en souviens, fit le vieil Arabe, c'est celle de gauche !

— Non point, le reprit le juif, c'est celle-ci !

— Nous serons vite fixés, dit le père en inspectant les parois.

Il poussa un petit cri de victoire en trouvant la fente sous le support de torche, dans laquelle il plaça l'anneau.

Richard glissa la flamme à sa place et le cristal projeta ses éclats tout autour. Un seul vint se poser au centre d'une meule de pierre. Le père s'y précipita et posa sa main grande ouverte dessus.

— Celle-ci, fit-il, recueilli.

D'un pas lent, il retourna chercher le Sceau, et le passa à son doigt. Il s'approcha de la meule et plaqua le cristal contre le petit bouclier de métal, dont il épousait parfaitement la forme. Après une série de déclics, le bouclier tourna d'un quart de tour vers la droite et un grondement se fit entendre.

Le père retira sa main vivement et recula de quelques pas. Le grondement ne cessait de s'amplifier.

— Que se passe-t-il ? demanda Richard.

— C'est le mécanisme qui ouvre le passage.

— Ou celui qui effondre cette salle si l'on se trompe de meule… railla le vieux juif.

Lentement, la meule entra dans le sol, révélant l'entrée d'une salle longue, au plafond soutenu par de fins piliers torsadés. À la lueur des torches, leurs ombres dansaient sur le sol recouvert de tapis épais et poussiéreux. La pièce était remplie de vases scellés à la cire et d'amphores empilées. Au fond, en rang, s'alignaient les tombes d'Abraham, Isaac, Jacob, Sarah, Rebecca et Léa.

Les trois anciens s'agenouillèrent, aussitôt imités par les plus jeunes. Dans un silence absolu, chacun pria selon sa foi.

Quelle étrange vision que ces trois dignitaires de religions théoriquement ennemies qui, ensemble, communiaient dans le souvenir des Patriarches…

Après s'être recueillis, les trois anciens rallumèrent les lampes à huile disposées autour des sépultures et les époussetèrent avec dévotion.

Richard observait tout autour de lui les impressionnantes réserves de nourriture enfermées dans tous les récipients imaginables. Pourquoi tant de victuailles dans un tombeau ?

— Hâtons-nous, fit le père à voix basse, nous devons encore aller aux Salles Interdites et trouver ce qui nous protégera…

Attiré soudain par un bruit venu de la salle des meules derrière eux, il se retourna. Son disciple se tenait debout, une torche à la main.

— Eh bien, Bertrand, que fais-tu ici ? Je t'avais pourtant ordonné de rester là-haut !

Le grand gaillard resta silencieux. Juste derrière lui, tenant un cimeterre, Suleyman apparut. Ayala eut un sursaut d'effroi.

— Vous n'imaginez pas ce qui se passe là-haut, c'est un enfer, souffla le frère.

Les trois maîtres commencèrent à s'agiter.

— Une arme, il a introduit une arme, pitié pour nous ! s'affola le vieux juif.

— Que veux-tu ? demanda Ayala à son frère.

— La même chose que vous : les secrets de ce sanctuaire.

À cet instant précis, une lourde herse s'abattit juste derrière Suleyman, coupant sa retraite et l'enfermant avec son otage et les autres dans le tombeau des Patriarches.

— C'est votre cimeterre, s'écria l'Arabe. Toute arme et toute violence sont sacrilèges dans ces lieux. Jetez-le ou nous périrons tous !

Sans l'écouter, Suleyman poussa Bertrand vers les autres. Le pauvre garçon tremblait de tous ses membres.

— Et si nous allions aux Salles Interdites ? lança Suleyman.

— Jamais, protesta le père. Comment osez-vous profaner ce lieu trois fois sanctifié ?

Pour toute réponse, le frère d'Ayala éventra le disciple d'un geste expert. Le jeune homme, sans quitter son maître des yeux, s'écroula sur le sol dans un râle.

— Dois-je répéter ? ironisa Suleyman.

Sous la menace, le petit groupe descendit encore plus profond dans les entrailles du sanctuaire. Suleyman fermait la marche, tenant le vieil Arabe à sa merci.

— Il est même prêt à tuer les siens, glissa Guillaume à Richard. Il a perdu la raison. Il est sans foi.

Ayala pleurait en silence.

Lorsqu'ils eurent franchi une arche au bas d'un escalier, une seconde herse s'abattit derrière eux dans un bruit de tonnerre métallique. Ayala frissonna. Suleyman avait les yeux d'un fou ; à la lueur des torches, on y lisait la détermination et la soif de trésor.

Le petit groupe arriva dans une pièce carrée et exiguë. Une ouverture au centre du sol laissait entrevoir un escalier en colimaçon.

Un à un, ils descendirent le sombre escalier qui semblait ne jamais vouloir finir.

— Où allons-nous ? demanda Richard discrètement au père.

— Je n'en sais rien, répondit celui-ci, apeuré. Ni nous, ni nos maîtres ne sommes jamais descendus aussi profond...

Le palier sur lequel ils débouchèrent était vaste, il marquait le seuil d'une immense porte entièrement recouverte d'or.

Éclairé par les torches, le métal jaune brillait de mille feux. Les deux battants, hauts comme quatre hommes, portaient le symbole du lieu. Guillaume le décrypta enfin. Sur la croix pattée, se superposaient le sceau de Salomon et le croissant.

La fusion des trois symboles pour un sacre, l'union de toutes les fois pour un même esprit. Si proches de Dieu, au seuil des Salles Interdites, les courants ne faisaient plus qu'un fleuve, les confessions n'étaient plus qu'une seule et même croyance.

Au-delà de ces portes, attendait le plus pur des secrets, le plus sacré des messages…

25

Les lourds battants restaient immobiles, gardiens géants d'un monde interdit. Suleyman s'impatientait, menaçant chacun des pires atrocités et fouettant l'air de son cimeterre.

— Tu n'es plus mon frère, laissa tomber Ayala. Notre père aurait honte de toi, comme moi, comme Mère...

L'homme avança vers sa sœur d'un air menaçant. Guillaume s'interposa soudain, frôlant la lame.

— Ne lui faites aucun mal, sinon...

— Sinon quoi, pauvre chien !

Suleyman eut un regard méprisant et se détourna du jeune homme. Il s'éloigna, gardant prudemment le dos au mur. Richard attendait le moindre faux pas pour se jeter sur lui.

Les maîtres inspectaient les parois à la recherche d'un mécanisme ou d'un endroit où placer l'anneau. Le vieux juif appela ses deux homologues au pied des battants.

— Regardez, leur fit-il. Là, dans les ornements gravés, vous voyez ces encoches ? On dirait qu'elles ont la forme de nos médailles...

Il extirpa un médaillon de sous sa robe et se mit à genoux pour l'appliquer dans l'empreinte. Ses deux *alter ego* en firent autant. Chacun, agenouillé devant les pans dorés, plaça sa médaille dans l'emplacement qui lui convenait.

Un choc sourd retentit, puis une série de roulements et, peu à peu, les portes s'entrouvrirent. Ce que tous découvrirent alors tenait du miracle. Une à une, comme par magie, les lampes à huile s'allumèrent, révélant une salle aussi vaste et aussi haute qu'une cathédrale. Partout, stèles gravées, jarres emplies d'or et rouleaux anciens s'amoncelaient à perte de vue et sur plusieurs étages.

Au centre, sur un piédestal, trônait un coffre de petites dimensions, d'un gris terne et cerclé de cuivre.

Ils pénétrèrent dans la plus grande des Salles Interdites. Suleyman se précipita vers une coupelle d'or et soupesa les trésors qui s'y amoncelaient avec un cri de joie. Guillaume, lui, se dirigea vers le coffre. L'escalier d'une dizaine de marches qui y conduisait était lui aussi recouvert de cuivre.

Richard le rejoignit.

— Étrange que ce coffre n'ait aucune serrure, fit-il.

— Essayons de l'ouvrir !

Ensemble, ils soulevèrent le lourd battant plombé. Dans un écrin de granit, parfaitement ajusté, reposait un petit bloc cubique fait d'une matière inconnue. Ses formes étaient si parfaites qu'il ne pouvait pas avoir été créé de la main de l'homme ou par la nature. Il était d'une magnifique couleur turquoise, comme sur la carte du Sceau…

— Maîtres, appela Guillaume, venez voir !

Tous accoururent.

— Savez-vous ce que cela peut être ? Que signifient les inscriptions gravées dessus ?

Sans oser porter la main sur la pierre mystérieuse, le vieil Arabe fit non de la tête.

— Il semble bien que nous ayons réussi ! tonna Suleyman qui se tenait au pied des marches en brandissant des trophées d'or et de pierres précieuses. Poussez-vous et laissez-moi voir ce qu'il y a là-dedans.

À l'aide de son cimeterre, il se fraya un chemin jusqu'au coffre de plomb. Il s'empara du cube et le soupesa. Tous retinrent leur souffle et s'écartèrent.

— On verra ce que ça vaut plus tard, déclara-t-il en le reposant négligemment.

Puis, jetant un regard sombre sur le père, il lui lança :

— À l'heure qu'il est, votre forteresse est probablement envahie par nos troupes. Puisque je n'ai plus besoin de vous, je vais célébrer cette victoire à ma façon, si vous le permettez.

Aussitôt, avec une violence inouïe, il planta sa lame dans la poitrine du père, qui s'écroula sur un coffre de tablettes gravées en contrebas.

Ayala poussa un cri, Guillaume et Richard se précipitèrent sur l'assassin dans un même élan. En se retournant, Suleyman fendit l'air de son cimeterre, mais la lame tranchante n'atteignit pas les deux jeunes hommes. Ayala se précipita pour s'interposer et c'est elle qui reçut à la gorge le coup qui leur était destiné. Elle s'effondra sur les marches sous leurs regards incrédules.

Suleyman, soudain effrayé par son geste, redescendit à reculons en contemplant le corps inerte de sa sœur.

— N'approchez pas ! brailla-t-il en brandissant son arme couverte de sang.

Ce fut d'abord le mystérieux cube turquoise qui émit un infime sifflement, puis la lame du cimeterre de Suleyman qui se mit à rougeoyer, comme chauffée par un feu intérieur. Le sifflement s'amplifia et l'arme vira au blanc incandescent. Dans un cri de douleur, Suleyman la laissa tomber à terre où elle se liquéfia en quelques secondes, disparaissant dans le sol. Terrifié, l'homme reculait toujours mais la chaleur semblait le poursuivre. Couvert de sueur, la peau rougie comme s'il cuisait, il hurla en se raidissant. Il s'embrasa soudain des pieds à la tête… En un instant, son corps fut réduit en cendres. Il n'en resta bientôt plus qu'une odeur de chair carbonisée et quelques infimes résidus noircis sur les dalles.

Guillaume se précipita vers Ayala. La jeune femme rendait son dernier souffle. Sa robe était maculée du sang qui, par la blessure béante de son cou, s'écoulait abondamment. Le jeune homme la prit dans ses bras.

— Ne mourez pas, ne mourez pas, vous m'avez toujours sauvé… sanglota-t-il doucement.

— Laissez mon corps ici et je vivrai éternellement… lui répondit-elle dans un dernier sourire.

Elle posa sa main sur la sienne. Guillaume la serra de toutes ses forces et déposa un baiser sur son front.

— Depuis le premier jour, depuis votre premier regard, je vous aime, lui murmura-t-il, en pleurs. Pour vous, j'aurais tout quitté, tout trahi…

La jeune femme ne réagit pas. Son âme était déjà ailleurs. Brisé, Guillaume l'étreignit aussi fort qu'il le put.

Il fallut toute la fraternelle persuasion d'un Richard bouleversé pour que Guillaume s'arrache enfin au corps d'Ayala.

Sans avoir pris le temps d'étudier quoi que ce soit, les visiteurs quittèrent les lieux, refermèrent les portes, scellant les secrets du cube pour longtemps. Ils avaient déposé les dépouilles du père, de Bertrand et d'Ayala à même le sol, aux côtés de celles des Patriarches. Ils ne prononcèrent pas une parole. Leurs visages fermés et leurs yeux embués trahissaient les émotions trop fortes qui les submergeaient. Tant de violence dans ce lieu, tant d'amour et tant de savoir emprisonnés ici jusqu'à d'autres temps…

Dans un ultime témoignage de respect, le vieux juif avait couvert les corps de son manteau.

Guillaume accepta de prendre la suite du père de Treille, de veiller à son tour sur le tombeau des Patriarches et ses secrets. Il ne serait ainsi plus jamais loin de sa bien-aimée.

Richard rentra en Europe au prix de mille dangers. Il se présenta au château de son père et, brisant son serment, prétendit que le Sceau des Maîtres était détruit. Il se rendit ensuite jusqu'à l'abbaye mère de Guillaume et annonça sa tragique disparition.

Richard de Montbard s'engagea dans la croisade suivante – un désastre – et disparut mystérieusement quelque part entre Tripoli et Saint-Jean-d'Acre. Il ne revit jamais sa Bourgogne.

Lorsqu'il avait quitté Guillaume, il lui avait juré de revenir au plus vite et de prendre la tête des gardes pour protéger le sanctuaire. Il s'écoula plus de deux années, mais ce serment-là, il l'honora.

C'était un matin d'octobre. Guillaume étudiait dans la bibliothèque comme souvent à cette heure matinale. Un garde vint le prévenir qu'il était attendu dans la cour, sans toutefois lui révéler par qui. Le soldat souriait. Guillaume, qui chaque jour avait espéré le retour de son complice, se leva aussitôt et se précipita vers le vaste perron. Lorsqu'il sortit de l'église, il le vit, seul, debout au milieu de la cour entre les deux rangées de gardes. Richard était là, fatigué, vieilli, mais il était là.

Guillaume s'élança, il se jeta vers sa seule famille, son seul ami, son frère. Il le serra de toutes ses forces. C'était pour vivre ces retrouvailles que Richard avait tenu, avait menti, c'était pour cette réunion que Guillaume avait prié.

Ils avaient attendu cet instant-là depuis qu'ils s'étaient séparés.

Ils ne prononcèrent pas une parole. Avant toute chose, avant même de boire, avant même de se reposer, ils avaient quelque chose à faire.

Ensemble et seuls, ils descendirent sur les tombes. Un long moment, ils se recueillirent devant les dépouilles. La dernière, et celle devant laquelle ils restèrent le plus longuement, fut celle d'Ayala. Dans la pénombre, on ne distinguait plus qu'une vague forme sous le manteau autrefois laissé par le vieux juif. Guillaume pleura, de douleur et de joie. Richard aussi. Ils restèrent longtemps et ne remontèrent que le soir venu.

Après ce jour, jamais plus personne ne pénétra dans les souterrains du tombeau des Patriarches...

Note historique

À vous qui venez de lire ces aventures, je dois livrer quelques faits authentiques. Le tombeau des Patriarches existe. Il est situé dans la ville d'Hébron, à trente kilomètres au sud de Jérusalem.

La tradition y situe la grotte de Makhpela qui aurait été achetée par Abraham en 1805 avant Jésus-Christ à Éphron pour y ensevelir sa femme Sarah. Cette grotte devint plus tard la sépulture d'Abraham lui-même, d'Isaac, Jacob, Rebecca et Léa. Elle est depuis un lieu de pèlerinage.

L'actuelle construction fut probablement commencée par Hérode Ier aux environs de 100 avant J.-C. pour satisfaire ses sujets juifs, premiers adorateurs du lieu. Le bâtiment a été modifié par ajouts au fil des siècles.

Avec la conquête de la Palestine par les Arabes musulmans, le tombeau devint une mosquée. Lors de la première croisade, en 1099, elle fut conquise par les Francs et reprise en 1187 à la suite de la victoire des troupes de Saladin sur les croisés.

Depuis, le site abrite le sanctuaire d'Ibrahim et peut être visité depuis 1917 seulement.

Les parties souterraines restent toutefois interdites à la visite et les accès en sont murés. Toute tentative est sacrilège. Les rares incursions n'ont été que très brèves et incomplètes – quelques photos réalisées par un puits à la demande de Moshe Dayan en 1968 et, dans les années 1970, des fouilles de l'archéologue Zeev Yeivin qui força même des zones murées avant d'être stoppé. Les résultats de ces recherches sont restés secrets.

Un des chercheurs prétend que des ossements auraient été découverts et qu'un vaste réseau de souterrains s'étendrait sous le tombeau jusqu'au cœur de la colline. À ce jour, toutes les demandes d'études ont été refusées. Personne n'est officiellement descendu dans les souterrains depuis huit siècles. Le tombeau des Patriarches garde tous ses mystères…

Remerciements

Nous sommes le vendredi 15 juin 2000, il est 3 h 10 du matin. Et même si Pierre, mon éditeur, dit que je devrais dormir la nuit, je viens d'achever ce roman. Dans quelques heures je vous remettrai ces dernières pages et ce sera fini.

Je vais forcément déprimer un peu parce que je déteste quitter les gens, même ceux qui ne sont que des mots sur le papier.

Au début, j'avais juste envie de montrer à des adolescents que la lecture était autre chose que des devoirs, que c'est un échange, beaucoup d'émotions. Et puis je vous ai rencontrés, aussi peu préparés que moi à vivre cette fabuleuse expérience.

Ce livre, je ne l'ai pas écrit avec vous, je l'ai écrit pour vous. Un auteur rêve toujours de rencontrer ceux qui le lisent, c'est même souvent sa raison d'être. Grâce à vous, j'ai eu la chance d'avoir ce privilège rare, et avant même d'avoir fait mon travail ! Cette année, je ne l'oublierai pas.

Tous les mois, j'ai eu l'angoisse de vous décevoir, l'attente de vos remarques spontanées (et sans pitié, bande de monstres !), j'ai épié vos gestes, vos regards…

Alors, à toi, Damien Auger, Brice Baron, Émilie Barthomeuf, Benoît Berdoux, Aurélie Boccard, François Brousse, Geoffrey Cassidanius, Hervé Chopinaud, Florent Cleret, Émeline Roze, Magali Desflaches, Aurélie Fache, Daniel Fernandes, Alexandre Green, Julie Hajos-Patron, Christopher Havard, Charlotte Jardin-Roussel, Marie Legrand, Sara Luquet, Pauline Maître, Jeremie Perrot, Émilie Plantain, Tiphanie Rasse, Garance Renac, Virginie Copin, Jeremy Ruer, Julien Saussey, Victoire Suart, Mathieu Touzalin, Audrey Vanderhaeghen, Vanessa Vermand et Julien Yvenat, merci d'avoir partagé ce bout d'existence.

Je veux dire ma gratitude à Hélène Verneret, enseignante de français mais surtout mon amie, pour son soutien, sa loyauté, son énergie, son écriture indéchiffrable et sa manière unique d'écourter la vie des chewing-gums…

Merci aussi à Françoise Perron, pour son attention et sa constante humanité.

Merci au collège Notre-Dame de l'Isle-Adam de nous avoir laissé tenter l'expérience. À la prochaine.

Et puis plus fort que tout, à toi, Pascale, ma compagne, mon alliée qui, en enlevant mes fautes jour et nuit, as mis tellement de ton cœur dans ces pages et dans ma vie.

Dans la même collection

À partir de 8 ans

Anne-Marie Desplat-Duc	Avis de recherche	*(Aventure)*...
Catherine Jinks	Vacances catastrophes	*(Scènes de vie)*...
Charles Ronah	Le vidéomaniaque attaque	*(Policier)*...

À partir de 10 ans

Claude Gutman	Mes affaires, c'est mes affaires	*(Scènes de vie)*...
Odile Weulersse	Un voleur dans le désert	*(Aventure)*...

À partir de 12 ans

Brigitte Peskine	J'entends pleurer la nuit	*(Scènes de vie)*...
Évelyne Brisou-Pellen	Le signe de l'aigle	*(Aventure)*...

6122

Composition Chesteroc International Graphics
Achevé d'imprimer en Europe (France)
par Maury-Eurolivres – 45300 Manchecourt
le 15 janvier 2002.
Loi n° 49-956 du 16 juillet 1949
sur les publications destinées à la jeunesse.
Dépôt légal janvier 2002. ISBN 2-290-31642-3

Éditions J'ai lu
84, rue de Grenelle, 75007 Paris
Diffusion France et étranger : Flammarion